Evelyn Künneke · Mit Federboa und Kittelschürze

Evelyn Künneke

Mit Federboa und Kittelschürze

Meine zwei Leben

Ullstein

Aufgezeichnet von Bernd Lubowski

Satz: Fotosatz-Service Weihrauch, Würzburg
Druck und Verarbeitung: Mohndruck, Gütersloh
Printed in Germany 1991
ISBN 3-550-06528-0

Fotos: Privatbesitz, L.T.O. Berliner-Film-Foto-Archiv

Die Deutsche Bibliothek – CIP-Einheitsaufnahme

Künneke, Evelyn:
Mit Federboa und Kittelschürze : ein Leben in zwei Welten / Evelyn Künneke. [Aufgezeichnet von Bernd Lubowski]. – Frankfurt/M. ; Berlin : Ullstein, 1991
ISBN 3-550-06528-0
NE: Lubowski, Bernd [Bearb.]

Siebzig Jahre und kein bißchen leise,
Aus den Schicksalsschlägen nichts gelernt.
Siebzig Jahre auf 'ner langen Reise
Und doch siebzig Jahr vom Ziel entfernt.

Ich habe manche Kratzer abgekriegt,
Ihr sagt, das sei doch halb so schlimm?
Das ist gelogen.
Ihr denkt, ich habe immer nur gesiegt?
Die Pose hat darüber weggetrogen.
Kann sein, er hängt euch mal zum Halse raus,
Der Wirbel, den ich machte.
Aber wenn ich ehrlich bin –
Ich ließ nichts aus, wenn es Schlagzeilen brachte.

Und plötzlich sind alle abgehauen
Auf leisen Sohlen.
Man wollte mich vergessen.
Doch was mir blieb, war mein Selbstvertrauen
Und der Wille, mich noch einmal zu messen.
Ein dickes Fell, das hatte ich noch nie.
Die Zeit heilt alle Wunden.
Ich hab' mein Leben lang Glück gesucht
Und mit der Zeit zu mir gefunden.

Noch immer zieht es mich ins Licht
Man nennt mich die Callas der Subkultur.
Am Ende meiner Reise bin ich noch nicht,
Aber ich höre schon das leise Ticken der Uhr.
Sing Evelyn – das ist mein Leben.
Mit Herz und Schnauze und viel Gefühl.
Und wenn unter mir die Bretter beben,
Dann hab' ich doch alles, was ich will.

(Text von Tomas Friedrich nach dem Lied
»Sechzig Jahre und kein bißchen weise« von
H. Hammerschmid und M. Frances)

Den Lärm des hereinströmenden Publikums hörte ich bis in meine Garderobe. Es war ein Sound, der mich schon immer elektrifiziert hat. Jetzt waren es nur noch wenige Minuten bis zu meinem Auftritt, der alles entscheiden würde. Ob es mich wieder gab – oder nicht.

Die Leute strömten nur so in diesen Schuppen, der für deutsche Rockmusiker das absolute Mekka war: *Onkel Pö's Carnegie Hall* in Hamburg-Eppendorf. Vornehmer Bezirk. Feinste Gegend. Aber mittendrin, an einer Straßenecke gelegen, dieser Olymp des deutschen Rock. Nur heute war gar kein Rock angesagt.

Al Jarreau und Helen Schneider waren hier entdeckt worden, hatten von hier aus ihre internationalen Karrieren gestartet. *Onkel Pö's* war eine Rampe, um abzuheben. Hier oder nie. Und jetzt war ich dran.

Innerlich verfluchte ich den Moment, der mich hierher getrieben hatte. Weshalb mußte ich, bereits in fortgeschrittenem Alter, mich einer solchen Tortur aussetzen wie eine Anfängerin und vor ein Publikum treten, das mich doch kaum noch kennen konnte? Ein Publikum, daß einem Udo Lindenberg, Otto Waalkes, dem Teufelsgeiger Lonzo oder dem dikken Willem zujubelte – Leuten ihrer Generation, deren Sprachrohr sie ja auch waren –, die aber doch wohl nicht darauf gewartet haben konnten, daß ich mich aus meinem Sessel in meiner Berliner Wohnung erhebe, um für sie den Affen zu machen.

Was hatte mich hierher getrieben? In diesen Tempel des Jugendkults? Der Ehrgeiz? Der Ansporn meiner Freunde? Die Neugier? Oder meine jüngeren, mit mir befreundeten Kollegen, die der Meinung waren, daß ich eine von ihnen sei und die Angaben in meinem Paß nur eine Fälschung sein konnten?

Ich zündete mir noch eine Zigarette an, überprüfte mein Aussehen im Spiegel. Fand mich ganz passabel – lange blonde Locken, kein Doppelkinn, gut geschminkt, kaum Falten, jedenfalls keine, die mich zur Großmutter oder gar Urgroßmutter stempelten.

»Noch fünf Minuten, Evelyn«, rief mir jemand von draußen zu. »Der Laden ist proppevoll. Keine Plätze mehr. Duftes Publikum. Udo und Otto sind auch da. Keine Bange, wird schon schiefgehen.«

Wie oft hatte ich diesen beruhigenden, aufmunternden Satz in meinem Leben schon gehört? Und wie oft war es doch schiefgegangen? Ich hatte mir bis jetzt ein gutes Comeback aufgebaut, galt als Muse der deutschen Jungfilmer, war in einer Handvoll Filmen dabeigewesen, gab hin und wieder eine Show – und jetzt das …? Ich nestelte nervös an der nächstbesten Federboa herum, sprach mir und ihr schnell ein bißchen Mut zu …

Ich hatte eine Langspielplatte gemacht. Mit neuen und alten Songs. Die Platte hieß »Sensationell«. Und wenn es nun nicht sensationell werden würde? Diese Show sollte der Platte zu einem guten Start verhelfen – und mir zu einem endgültig neuen. Würde es klappen? Ich drückte die Zigarette aus.
»Die Leute drängeln sich noch auf der Straße, prügeln sich fast«, rief mir ein Bühnentechniker zu, als ich vorsichtig und jetzt auch etwas unruhig werdend, auf den Gang zur Bühne trat. »Tolle Stimmung!«

Gläserklirren, Fetzen von Unterhaltungen, Begrüßungsrufe, Stimmengeschwirr …

Dann fetzte plötzlich ganz unerwartet das Opening durch die Lautsprecher. Geigen schluchzten auf, die Trompete stieß hinzu. »Los jetzt!« zischte mir jemand zu, den ich nicht erkennen konnte, und schon ging ich weiter – langsam, in Richtung Bühne. Wie in Trance, geführt wie von anderer Hand, die über meine Kurzsichtigkeit schützend wachte …

Und dann stand ich im Lichtspot, sah nichts, wußte nichts, hörte nur die Musik …

»Mit Tschisslaweng
und mit Trallala!
Ich war kurz weg
und bin wieder da!
Mit Rock und Blues,
mit Tango und mit Swing
und mit Sing …
Sing …
Sing, Nachtigall, sing
ein Lied aus alten Zeiten …«

Ich hob ab. Und mit mir die Menschen vor mir, die mein Publikum waren. Ich spürte es sofort. Ganz direkt. Es ging mir durch Mark und Bein, Bauch und Herz. Und all den anderen Menschen, die gekommen waren, um mich zu hören, ebenfalls.

Gewonnen. Es war geschafft. Noch bevor das erste Lied beendet war, waren alle Ängste vergessen, alle Hürden genommen. Ich fühlte mich zu Hause. Nicht an fremdem Ort. Ich hatte einen Platz gefunden, den ich immer gesucht hatte. Und er war für mich reserviert geblieben. Ein Platz im Olymp von *Onkel Pö's*.

Das war am 15. Oktober 1975. An diesem Tag war der Antistar Evelyn Künneke endgültig geboren. Nichts mehr von Schlagermieze und singender Sexbombe. An diesem Tag begann mein eigentliches Comeback, meine Wiedergeburt als Showstar; ein Datum, das ich nie vergessen werde …

* * *

Mit zwanzig konnte ich mir überhaupt nicht vorstellen, eines Tages siebzig Jahre alt zu sein. Aber welcher junge Mensch kann das schon? Ich glaubte auch gar nicht, daß ich so alt werden würde. Für einen Zwanzigjährigen ist ein Vierzigjähriger ein Greis und ein Dreißigjähriger bereits reichlich erwachsen.

Jetzt, wo ich siebzig geworden bin, kann ich es immer noch nicht glauben. Was aber wohl eher daran liegt, daß ich immer noch eine Kinderseele habe, immer noch ins Staunen gerate und manchen Zwanzigjährigen als uralten Typ empfinde. Aber vielleicht geht es mit siebzig ja auch los, daß man langsam wieder kindisch wird? Ich habe jedoch in den letzten Jahren nach meinen Shows auch überraschenderweise festgestellt, daß oft junge Leute zu mir gekommen sind und zu mir sagten: »Du, seit ich dich gesehen habe, habe ich nicht mehr so viel Angst davor, älter zu werden!«

Ich habe zwar aus meinem Alter nie ein Geheimnis gemacht, aber ich habe nie meinem Alter gerecht gelebt. Ich weiß weder wie man das macht, noch, ob das überhaupt gesund ist. Es ging bei mir alles immer ziemlich durcheinander, und mein Lebenslauf verlief alles andere als gradlinig. Aber ich beschwere mich da gar nicht. Vielleicht ist das ja auch einer der Gründe, weshalb so viele junge Menschen meine Shows besuchen und und ich viele jüngere Menschen auch privat um mich habe. Ich empfinde sie auf eine merkwürdige Weise als gleichaltrig – und sie mich wohl auch.

Wobei ich feststellen möchte, daß ich es mir versage, ihnen meine sogenannten Erfahrungen als Lebensweisheit aufzutischen. Jeder Mensch muß seine eigenen Erfahrungen machen. Es hilft niemandem, wenn man versucht, seine eigenen Erfahrungen anderen, jüngeren Menschen aufzuhalsen. Trotz meiner siebzig Jahre, habe auch ich die Weisheit nicht mit dem Löffel gefressen, frage mich manchmal auch, wie ich mich in diesem oder jenem Fall verhalten, wie es denn nun weitergehen soll, und habe absolut nicht auf alles die richtige Antwort parat.

Aber ich habe einmal an einem Seminar für Bewußtseinstraining teilgenommen und dabei Dinge entdeckt, nach denen ich mich schon immer – unbewußt – verhalten habe, und die mir eine wichtige Bestätigung waren. Es ist wichtig im Leben, sich positive Gedanken zu bewahren. Negative Gedanken erdrücken die positiven im Menschen. Also versuche ich, dem entgegenzuwirken.

Wenn ich etwas erreichen will, dann stelle ich mir dieses Ziel optisch vor. Wenn ich heute, wo ich aufgrund meiner Gehbehinderung nicht mehr so topfit herumspringen kann wie früher, auf einmal vier Treppen hochsteigen muß, dann stelle ich mir vor, daß ich bereits oben bin – und schon spüre ich die vielen Stufen kaum noch.

Wenn ich Dinge erledigen muß, die unangenehm sind, zum Beispiel Abwaschen oder Staubwischen, was nun wirklich nicht zu meinen Lieblingsbeschäftigungen gehört, dann rede ich mir ein, daß ich diese Dinge gern tue – und mache sie bereits.

Oder wenn ich um einen Rat gefragt werde, dann höre ich mir das Problem an, frage den Menschen aber, was er denn nun selbst tun würde. Meistens findet der Betreffende dann die Lösung allein. Wenn das nicht klappt, dann sage ich zwar, was ich tun würde, aber ich dränge mich mit meiner Meinung nicht auf. Ich bin schließlich nicht allwissend. Was für mich, für meine Persönlichkeit der richtige Weg zur Lösung wäre, muß für einen anderen Menschen nicht unbedingt auch der richtige Weg sein.

Wenn mir etwas schwerfällt, sage ich mir: Ich will, ich muß, ich kann – und dann geht es auch. Es gibt dieses Sprichwort: »Wo ein Wille ist, ist auch ein Weg«, und das hat durchaus etwas für sich, das jeder Mensch für sich selbst benutzen kann.

So wie ich aus meinem Alter nie ein Geheimnis gemacht habe, so habe ich auch mit meinen Ansichten nicht hinter dem Berg gehalten. Das hat mir manchen Ärger eingebracht, ist meiner Gesundheit aber bestens bekommen. Ich habe nie etwas verdrängt, nichts hinuntergeschluckt, um nicht unangenehm aufzufallen. Wenn mich etwas geärgert hat oder wenn ich mich ungerecht behandelt fühlte, habe ich den Mund aufgemacht. Auch für andere Menschen, denn Ungerechtigkeit kann ich nicht vertragen, da bekomme ich direkt Juckreiz.

Das hat nun gar nichts mit Emanzipation oder Selbständigkeit zu tun, sondern hängt einfach mit meinem fanatischen Gerechtigkeitssinn zusammen. Ich habe genug Lügen und Verleumdungen am eigenen Leib erfahren, mich so oder so mit ihnen auseinandergesetzt. Dort, wo es nötig war, bin ich zum Gegenangriff übergegangen. Über Lappalien habe ich mich nur amüsiert. Als ich immer und immer wieder in Interviews nach der Zahl meiner Liebhaber gefragt wurde, fiel mir als erstes die Zahl 3650 ein, wohl deshalb schon, weil das Jahr 365 Tage hat. Aber 365 erschien mir bei der Frechheit der Frage dann doch etwas zu wenig, also hängte ich noch die Null ran. Das wurde dann sogar noch gedruckt. Sollte ich da dementieren?

Aber im Grunde war es bei mir nicht anders als bei anderen Frauen, die durchschnittlich gut aussehen, durchschnittlich viel Temperament und Appetit aufs Leben haben. Aber letztendlich hat meine Putzfrau wahrscheinlich mehr Liebhaber in ihrem Leben gehabt als ich.

Eigentlich habe ich den größten Teil meines Lebens als Single verbracht – was natürlich nicht heißt, daß ich immer allein war oder immer allein gelebt habe. Ich war dreimal verheiratet – mit unterschiedlichem Erfolg. Meine erste Ehe war eine Kinderehe. Wir sind ausgerissen und haben uns im schottischen Heiratsparadies Gretna Green trauen lassen. Meine zweite Ehe dauerte rund zehn Jahre, und es war meine Schuld, daß sie zerbrach. Die dritte Ehe war genauso kurz wie die erste. Ich heiratete einen Jugendfreund, den ich seit dreißig Jahren kannte, aber nach einem halben Jahr war der Traum ausgeträumt. Nur mit dem Unterschied, daß ich zu faul war, meinen Namen ändern zu lassen. Also trage ich als Privatperson noch immer den Namen von Nummer drei und unterschreibe meine Steuererklärung brav als Evelyn Künneke-Hatje.

Nach der Scheidung von meinem zweiten Mann, Reinhard Thomanek, habe ich oft versucht, ihm meine Freundschaft anzubieten. Aber er hat nie darauf reagiert. Wir hatten eine gute Zeit miteinander, und wenn es damals nicht an mir gelegen hätte, wären wir wahrscheinlich heute noch verheiratet. Es tut mir leid, wenn ich ihn so verletzt haben sollte, daß er überhaupt nichts mehr mit mir zu tun haben will. Ich könnte mir vorstellen, daß wir heute, aus der Distanz der Zeit, gute Freunde sein könnten. Aber es soll wohl nicht sein. Und wer weiß, vielleicht ist es ja auch besser so. Obwohl – ein kleiner Schmerz ist da, wenn ich an ihn denke, und ich würde ihm gern sagen können, daß er mir nahe geblieben ist.

Der Mann, den ich vielleicht am meisten geliebt habe, und der den größten Platz in meinem Leben eingenommen hat, ist mein Vater. Ja, wirklich. Was den Künstler Eduard Künneke angeht, ist er so groß und so berühmt gewesen, daß ich mich mit ihm gar nicht in einem Atemzug nennen kann. Ich habe auch meine Mutter sehr bewundert, aber mein Vater wurde – und wird – von mir abgöttisch geliebt.

Wobei diese Liebe durchaus ambivalent war, denn ich habe von meinem Vater, dem ich besonders im Alter äußerlich immer ähnlicher werde, auch Eigenschaften geerbt, auf die ich nicht unbedingt stolz bin. Neben seinem Humor, seiner Musikalität, seinem Gerechtigkeitssinn und seinem Mut, habe ich nämlich auch seine Ungeduld, seinen Jähzorn, seine Kurzsichtigkeit, seine X-Beine – und sein Gesicht geerbt. All das natürlich in weiblicher Ausführung, und es machte sich im Laufe der Jahre bei mir höchst unterschiedlich bemerkbar und schaffte auch so manches Problem.

Meine Mutter glich das teilweise wieder aus, weil ich von ihr ihre Gastfreundschaft und ihre gesunde Haut mitbekommen habe, aber leider nicht ihre Schönheit und auch nicht ihre schöne Stirn.

Die Familie meines Vaters stammt aus Friesland. Zwischen Bremerhaven und der Zuidersee gibt es eine ganze Menge Leute, die auf den Namen Künneke hören. Edmond Künneke, der Vater meines Vaters, wurde in Groningen geboren, verließ aber als junger Mann die Niederlande und wurde Buchhalter einer Tintenfabrik in Emmerich am Niederrhein. Dort wurde mein Vater 1885 geboren. Seine musikalische Begabung bewies er bereits als Siebenjähriger, als er Sonaten von Mozart, Haydn und Beethoven spielte. Nach seinem Abitur kam er nach Berlin, um Musikwissenschaft und Literaturgeschichte zu studieren. Außerdem ließ er sich zugleich an der Hochschule für Musik, wo Max Bruch zu seinen Lehrern gehörte, in Komposition und Taktstockführung ausbilden.

Als Tertianer hatte er bereits bei einer Militärkapelle in Kleve, einer Nachbarstadt von Emmerich, die Uraufführung seines ersten großen Orchesterwerks dirigiert. Max Bruch, der in meinem Vater seinen Meisterschüler sah, bat ihn später inständig: »Schreiben Sie nie eine Operette.«

Nach dreijährigem Studium war mein Vater kurze Zeit als Korrepetitor tätig. Dann ging er als Chorleiter an das Neue Operettentheater am Schiffbauerdamm. Dieses Engagement gab er auf, als 1909 seine Oper »Robins Ende« nach der Uraufführung am Nationaltheater Mannheim an 38 deutschen Bühnen nachgespielt wurde. Seine zweite Oper »Coeur As« wurde 1913 in der Dresdener Oper uraufgeführt. 1919 schrieb er, vom Erfolg des »Dreimäderlhauses« von Heinrich Berté angeregt, sein Singspiel »Dorf ohne Glocke« und im gleichen Jahr die Operette »Die Vielgeliebte«. Damit war es um meinen Papa geschehen – er hatte die Operette entdeckt und sollte nicht wieder von ihr loskommen.

In der Zeit seiner Kapellmeistertätigkeit bei Max Reinhardt, für dessen »Faust-II«-Inszenierung er übrigens eine Reinhardts Stil völlig entsprechende Bühnenmusik komponiert hat, fiel auch seine »chemische Periode«. Riesige Regale mit Reagenzgläsern, Flaschen und Apparaturen der merkwürdigsten Art verwandelten seine Wohnung in ein Laboratorium. Außerdem war er ein leidenschaftlicher Bastler. Er hatte Anker-Steinbaukästen in einer unvorstellbaren Menge, für die er sich Spezialschränke anfertigen lassen mußte. Bei der Errichtung seiner oft mehrere Meter hohen architektonischen Wundergebilde – die meist drei bis vier Tage Arbeit in Anspruch nahmen, an denen er nie seinen Schlafrock ablegte –, kamen ihm oft Ideen für neue Bausteinformen, die später von dem Hersteller auch verwirklicht wurden. Er schickte seine Bauwerke regelmäßig zu Wettbewerben ein und gewann öfter den ersten Preis – Dinge, die er vor meiner Mutter und mir aber immer geheimhielt und die wir erst nach seinem Tod entdeckten.

Mein Vater hat mir das Leben und die Kunst, aber auch die sogenannte Bohème mit ihren schönen und auch mit ihren dunklen Seiten, auf mannigfache Weise buchstabiert. Er war sehr belesen, legte sich im Laufe seines Lebens eine Bibliothek an, die manchen Bücherfreund in helles Entzücken versetzte – und später auch manchen Hungerleider, der sich aus ihr bediente, nicht nur, um sich Brot und Butter von den umgesetzten Erstausgaben leisten zu können.

Mein Vater liebte und verehrte die Werke von Jean Paul derart, daß diese Liebe in seine Suite »Flegeljahre« einmündete. Er war ein ausgezeichneter Flötist, und immer lag ein Flötenkonzert von Mozart oder eine Sonate von Bach auf seinem Flügel in unserer Wohnung. Für seine Oper »Walther von der Vogelweide« ließ er sich, um den Klang der Streichergruppe zu verdichten, Tenorgeigen bauen, die eine Oktave tiefer als die Geigen gestimmt waren.

Diese Oper, die als sehr aufwendig gilt, ist übrigens bis heute nicht aufgeführt worden. Ich sehe es eigentlich als eine Verpflichtung und einen Teil meiner heutigen Lebensaufgabe an, sie doch noch zur Aufführung zu bringen.

Mein Vater spielte fast ständig Klavier – und das stundenlang. Aber immer die Werke anderer. Wenn ihn jemand bat, mal Künneke zu spielen, fand er meist die Noten nicht. Nie spielte er seine eigenen Musiken, nicht einmal, wenn er sie komponierte. Was er übrigens sowieso nur tat, wenn er dringend Geld brauchte. Denn ansonsten waren ihm seine anderen Leidenschaften wesentlich wichtiger.

Jahrelang hat er mit der Neuübersetzung des angelsächsischen Beowulf-Epos zugebracht. Dafür hat ihm die Universität Marburg für seine »wesentlichen neuen Erkenntnisse der Sprachwissenschaften« die Ehrendoktorwürde verliehen. Er hatte auch den Titel des Dr. med. und des Dr. phil., aber beide nie getragen. »Die haben nix mit dem Beruf zu tun, den ich ausübe«, erklärte er dazu knapp. Das war wieder der Friese in meinem Vater, der da antwortete, sein Dickschädel, den er ja auch an mich weitergegeben hat.

Er verstand ferner etwas von indischer Religionsphilosophie, konnte über die Kultur der Sumerer ebenso dozieren wie über deutsche Geschichte oder über juristische Fragen des Urheberrechts. Die Volkstümlichkeit seiner Musik stand in einem eigenartigen Gegensatz zu der Unbürgerlichkeit seines Alltags. Er konnte zwar wie ein Gerichtspräsident auftreten, korrekt gekleidet und mit allerbesten Manieren, aber viel lieber lief er in seinem bereits erwähnten Hausmantel herum und machte die Nacht zum Tag. Ihn vor zehn Uhr abends aufzusuchen oder anzurufen, hätte wenig Sinn gehabt. Erschien man jedoch nach 22 Uhr, traf man ihn kaum allein an – womit ich nicht meine Mutter oder mich meine, sondern meist befand er sich im Kreise von Freunden und Kollegen. Er genoß diese improvisiert erscheinenden Geselligkeiten, aber es konnte auch vorkommen, daß er irgendwann zu späterer Stunde seine Gäste sich selbst überließ und schlafen ging. Dann war es die Aufgabe meiner Mutter, sich weiter um die Gäste zu kümmern oder sie hinauszukomplimentieren.

Meine Mutter wurde von allen geliebt. Sie war der ruhende Pol im Leben meines Vaters und meiner Kindheit. Auch nach dem Tod meines Vaters blieben seine Freunde die Freunde meiner Mutter, und nun war sie es, die zur Audienz bat, zigarrenrauchend Mittelpunkt der kleinen oder größeren Gesellschaft war, die sich bis zu ihrem Tod fortsetzten. Eigentlich bis heute – denn auch in diesen Dingen bin ich Vaters Tochter geblieben: Auch mein Haus war immer offen, und auch heute noch kann ich stundenlang mit Freunden, die meist Jahrzehnte jünger sind als ich, die Nacht zum Tag machen. Nur, daß ich nicht wie meine Mutter Zigarren rauche, sondern lieber meine Zigaretten paffe.

»Es ist urgemütlich bei Evelyn an ihrem großen runden Eßtisch«, bemerkte Margot Hielscher eines Tages. »Ich kann nur nicht verstehen, wie ein Mensch derart paffen kann wie sie. Aber selbst das nimmt man in Kauf, denn diese Abende sind einfach faszinierend, und Evelyn ist ein toller Kumpel.«

Nun ja – das hab ich, wie auch immer, von Papa gelernt. Wobei ich, im Gegensatz zu ihm, auch für das leibliche Wohl meiner Gäste sorge, da ich eine leidenschaftliche Köchin bin. Ich weiß, daß diese Seite mit meinem Image als »trällernde Sexbombe« oder »verruchte Nachtigall« nur schwer in Einklang zu bringen ist, aber es haben schon immer zwei Seelen in meiner Brust geschlummert. Ich schlingere zwischen Federboa (auf der Bühne) und Küchenschürze (zu Hause) hin und her. Ich bin eigentlich viel weniger gern die Sexbombe (oder Ex-Bombe) mit der Federboa als die Hausfrau mit der Schürze. Wobei der Begriff der Hausfrau nicht so enggefaßt gemeint ist, denn gewisse Aufgaben der typischen Hausfrau gehen mir nicht gerade leicht von der Hand. Aber Kochen ist tatsächlich so etwas wie eine Passion von mir, viel mehr als ein Hobby oder ein Akt der Entspannung. Nichts ist schöner, als für eine Handvoll Freunde ein Abendessen zuzubereiten. Und es ist schon vorgekommen, daß eine ganze Filmcrew nach getaner Dreharbeit am Abend bei mir eintrudelte, und ich 150 Buletten parat hatte. Selbstgemachte, wohlgemerkt.

Diese Hingabe ist wahrscheinlich ein Erbteil meiner Mutter, die unter dem Künstlernamen Katharina Garden Königliche Hofsängerin in Hannover war. Später ging sie nach Hamburg und schließlich nach Berlin, wo sie an das Friedrich-Wilhelm-Städtische Theater engagiert wurde. Dort warf der Hausdirigent ein Auge auf sie (und sie auf ihn). Großmama mütterlicherseits war eine Baronesse Rothschild der russischen Linie, und meine Mama war eigentlich eine Moskauer Großfürstin: Katarina Kropotkin, Nichte des Anarchisten Pjotr Kropotkin. Als Sechzehnjährige brannte meine Mama jedoch durch, um Opernsängerin zu werden und wurde von der Konzertpianistin Emma Müller adoptiert. Ein etwas komplizierter Lebenslauf, der vor allem dann kompliziert wurde, als das Jahr 1933 angebrochen war und sich herausstellte, daß meine Mutter Halbjüdin war; ein Umstand, der meinem Vater ebenso verborgen geblieben war wie die Tatsache ihrer fürstlichen Abstammung. Aber davon später.

1921 brachte mein Vater zwei Werke zur Welt, die sein Leben nachhaltig beeinflussen sollten. Am 15. April 1921 erlebte seine Operette »Der Vetter aus Dingsda« seine Uraufführung – neun Monate später, am 15. Dezember, erblickte ich das Licht der Welt. Und jetzt, siebzig Jahre später, habe ich im Sommer 1991 in dieser wohl bekanntesten Operette meines Vaters die Rolle der Tante Wimpel auf der Freilichtbühne in Altenbrak im neuen Bundesland Sachsen-Anhalt gespielt. So schließt sich ein merkwürdiger Kreis. Zwar habe ich die Tante Wimpel, die in der Filmversion in den fünfziger Jahren von Grethe Weiser dargestellt wurde, schon früher einmal verkörpert, aber die Tatsache, sie nun auf einer Bühne in der früheren DDR zu spielen, hat mich doch besonders berührt.

Wobei dieses Engagement auch mit besonderen Strapazen verbunden war, denn nach meinen Hüftoperationen bin ich ja nicht mehr so wieselflink wie früher. Dennoch wollte ich es mir nicht nehmen lassen, dieses Angebot anzunehmen, das ich fast als Verpflichtung verstand. Also bin ich jeden Morgen brav in den Zug gestiegen, dann in ein Auto umgestiegen und habe mich zum Theater fahren lassen. Nach der Vorstellung ging es im Auto wieder zum Bahnhof, rein in den Zug und zurück nach Berlin. Abends um neun war ich dann wieder in meiner Wohnung in der Giesebrechtstraße in Charlottenburg.

Mein Fahrer, Herr Meyer, der mich täglich vom Bahnhof abholte und nach der Vorstellung wieder zurückbrachte, war immer rührend um mich bemüht. Er hat mehr als einmal miterlebt, wie ich mich zusammenreißen mußte oder nach der Vorstellung ganz schön aus der Puste war. Aber ich habe auch die Freude der Zuschauer erlebt, die mich mit stürmischem Applaus begrüßt haben, so daß ich meine Entscheidung nicht bereut habe. Auch nicht, als es einige böse Presseartikel gab, die meinten, mir eine symbolische Ohrfeige mit der Bemerkung verpassen zu müssen, daß ich angeblich nicht abtreten könnte. Also – nötig hätte ich diese Strapazen weiß Gott nicht gehabt, für keine Gage in der Welt. Und es ist auch nicht so, daß ich mich unbedingt auf eine Bühne drängen muß, um mich im Rampenlicht zu sonnen – nee, das habe ich ausgiebig gehabt. Aber ich wollte das Theater, das Stadttheater Halberstadt, das diese Produktion herausbrachte, unterstützen, und ich wußte, daß sich das Publikum freuen würde, wenn ich die Wimpel spielte.

Die Begegnung mit den Menschen in der früheren DDR war sehr emotionsgeladen. Viele haben mich auf meine früheren Platten und Filme angesprochen, und ich war erstaunt, wie viele Menschen mich dort noch kannten, obwohl ich bis zum Fall der Mauer jahrelang nicht in der DDR aufgetreten war. Deprimiert war ich vom Eindruck der Städte und Dörfer, von der Trostlosigkeit, die ich sah. So hatte ich es mir nicht vorgestellt. Die Landschaft ist wunderschön, teilweise noch fast unberührt, und ich würde wünschen, daß sie es noch lange so bleiben kann. Die Menschen erschienen mir alle sehr hoffnungsvoll und waren von großer Herzlichkeit, aber der Gesamteindruck war doch sehr deprimierend. Ich fürchte, es wird noch Jahre dauern, bis sich der Osten Deutschlands von den DDR-Jahren erholt hat, und ich fürchte, daß ich es wohl nicht mehr erleben werde. Ich für meinen Fall war jedenfalls froh, wenn ich abends wieder in meiner Wohnung in der Giesebrechtstraße, nur einige Schritte vom bunten, schrillen, aber von Leben erfüllten Kurfürstendamm, war.

Kurfürstendamm. Berlin. 1921. Die Zwanziger Jahre hatten gerade begonnen, und ich wuchs hinein in dieses Jahrzehnt, das fälschlicherweise das »goldene« genannt wird, obwohl es für die meisten Deutschen alles andere als golden war. Der Erste Weltkrieg war drei Jahre zuvor beendet worden, Deutschland hatte ihn verloren, die Inflation war angebrochen, die Zeiten waren alles andere als besonders lebenswert, würde ich meinen, aber die Unterhaltungsindustrie hatte Hochkonjunktur.

In diesem Jahrzehnt war in Berlin alles möglich, lief die Stadt anderen Metropolen wie Paris, London oder New York den Rang ab. Wer auf sich hielt, kam hierher. Wer Karriere, vor allem im Showbusiness oder am Theater, in den Künsten ganz allgemein, machen wollte, mußte hierher. In diese verrückte Zeit wurde ich hineingeboren. Ungefragt.

Ich galt als hübsches Kind. Wenn ich mir heute meine Kinderfotos ansehe, möchte ich dem nicht unbedingt zustimmen. Aber das ist vielleicht Ansichtssache und der Zeitgeschmack hat sich geändert. Ich empfand mich oft als plump und ungelenk, obwohl meine Eltern und auch deren Freunde oft meinten, ich könnte als Double des amerikanischen Kinderstars Shirley Temple durchgehen. Was zur Folge hatte, daß ich Shirley Temple nicht ausstehen konnte. Schließlich wollte ich schon damals niemandes Double oder Zweitausgabe, sondern – wenn schon – ich selbst sein. Als ich Jahrzehnte später Rosa von Praunheim kennenlernte und dem nichts Besseres einfiel, als zu mir zu sagen, ich sähe aus wie eine deutsche Mae West, war ich auch erst einmal eingeschnappt. Ich empfinde es als Ungerechtigkeit, wenn Leute – zumal Künstler – dauernd mit anderen verglichen werden: Peter Kraus, der deutsche Elvis Presley. Barbara Valentin, die deutsche Jayne Mansfield. Gérard Depardieu, der neue Jean Gabin. Und Hanna Schygulla, die für Rainer Werner Fassbinder immer sein Marlene-Dietrich-Ersatz oder seine Lana Turner auf deutsch sein mußte, weil er sich das Original noch nicht leisten konnte. Der neue James Dean, die neue Marilyn Monroe, die neue Brigitte Bardot und so weiter, und so weiter. Als ob diese Menschen keine eigenen Persönlichkeiten wären.

Mein Vater arbeitete, saß Tag für Tag an seinem Flügel und komponierte. Ich wußte kaum, was das war. Manchmal waren auch noch andere Herren bei ihm und taten fürchterlich wichtig. Ich war eifersüchtig. Meine Mutter versuchte, mich zu beruhigen.

»Dein Vater muß arbeiten, damit wir dir ein schönes neues Kleid kaufen können«, sagte sie. »Und die anderen Herren helfen ihm dabei.«

Das sah ich ein. Und setzte mich schließlich einem der anderen Herren auf den Schoß, lächelte ihn an und erklärte, er sei jetzt mein Bräutigam und müsse mir ein schönes, neues Kleid kaufen.

»Ganz schön durchtrieben«, raunzte mein Vater.

»Ein intelligentes, hübsches Kind«, meinte mein Auserwählter geschmeichelt. Nun ja.

Da ich mich von meinem Vater ungeliebt fühlte, machte ich mich bereits als Dreijährige allein auf, um die Welt zu erobern. Ich lief zwar nicht von zu Hause fort, aber ich vergaß oft Zeit und Raum um mich. Wenn ich wieder zu Hause erschien, schlugen mich meine Eltern zwar nie, straften mich aber mit Verachtung. Das empfand ich viel schlimmer als ein paar Ohrfeigen. Und schon versuchte ich alles mögliche, um meine Eltern wieder fröhlich zu machen.

Einmal war ich wieder unterwegs und muß wohl etwas verloren an einer Straßenecke herumgestanden haben. Eine Frau, der ich vermutlich aufgefallen war, sprach mich an und fragte, wer ich sei.

»Me? I am a Lady«, antwortete ich der erstaunten Dame in perfektem Amerikanisch und rannte auf dem schnellsten Wege nach Hause.

*

Der Grund, weshalb ich Englisch sprechen konnte, lag darin, daß mein Vater 1924 für zwei Jahre in die Vereinigten Staaten ging und seine Familie mitnahm. Ich wuchs in der Zeit zweisprachig auf, plapperte Deutsch und Englisch munter durcheinander. Ich lernte aber nicht nur die englische Sprache, sondern auch, in den diversen China-Restaurants mit Stäbchen zu essen. Fand ich toll. Heute esse ich mich eher hungrig, wenn ich es mit Stäbchen versuche.

Später ging es auch eine Zeitlang nach England. In der Pension, in der wir wohnten, freundete ich mich mit Gerald, dem Sohn der Wirtsleute an. Sie waren tschechische Einwanderer, und meine Eltern und sie übertrafen sich gegenseitig mit ihren seligen Erinnerungen an Prag. Gerald und mir – er war sieben, ich sechs Jahre alt – wurde das oft zu langweilig und wir setzten uns ab. Ich wollte mit ihm Ehepaar spielen oder wenigstens Liebespaar und brachte ihm ziemlich ungestüm das Küssen bei – oder was ich dafür hielt. Ich fand Küssen toll, aber Gerald schien nicht so begeistert. Er lief schreiend davon. Zwar hat er seinen Eltern nichts davon erzählt, aber ich muß ihn so verschreckt haben, daß er immer fortlief, wenn ich nur in seine Nähe kam.

Später habe ich oft an ihn gedacht und sogar befürchtet, ihn in meiner kindlichen Unschuld mit meiner weiblichen Nähe vielleicht so erschreckt zu haben, daß er vielleicht für immer von Frauen genug bekommen haben könnte. Aber 1974, als ich in London gastierte, stand plötzlich ein älterer Herr mit seiner Frau vor mir, lächelte mich an, und ich erkannte schließlich meinen kleinen Gerald wieder. Von wegen Angst vor Frauen – er war glücklich verheiratet, hatte mehrere Kinder, seinen Namen in Gerald Dee verkürzen lassen und machte erfolgreich Catering für den London-Airport.

Ich begleitete meine Eltern nicht nur auf allen Reisen, sondern war selbstverständlich auch bei den Premieren meines Vaters mit von der Partie. Einmal, in London, als er seine

Operette »Lady Hamilton« dirigierte und anschließend auf die Bühne gerufen wurde, erschien auch ich – ganz unaufgefordert – zur Verbeugung vor dem Vorhang. Das fand mein Vater zwar weniger komisch, aber er ertrug es mit Fassung.

Zu meinem neunten Geburtstag schenkte mir mein Vater einen lachsfarbenen Morgenmantel mit Schwanenpelz und dazu passenden Pantoffeln. Wir waren in Prag, wo seine Operette »Der Tenor der Herzogin« Premiere hatte. Ich wurde mitgenommen, aber anschließend ins Hotel gebracht, und meine Eltern fuhren zur Premierenfeier. Das muß mir nicht besonders gefallen haben, denn ich beschloß, Vaters Premiere eben allein zu feiern. Ich zog besagten Morgenmantel an und bestellte mir telefonisch ein Menü und eine Flasche süßen Sauternes – genau, wie ich es zwei Stunden zuvor in der Operette gesehen hatte.

Das geschah ganz unschuldig, denn von Wein oder Alkohol hatte ich damals absolut noch keine Ahnung. Auch nicht von der Wirkung, denn ich trank ganz selbstverständlich, während ich mein Essen verzehrte, die Flasche Weißwein leer. Als meine Eltern ins Hotel zurückkehrten, fanden sie ihre neunjährige Tochter total betrunken vor. Das einzige Wort, das ich noch herausbrachte, war »fabelhaft«, was sich allerdings nicht auf den Wein bezog, sondern auf einen »Running Gag«, einen sich ständig wiederholenden Witz aus der Operette, den ich behalten hatte.

Premieren fand ich zwar toll, aber ich war nur mit Mühe in ein klassisches Konzert oder in eine Oper zu bekommen. Damals – und auch später – nahm ich das nur auf mich, um anderen Menschen einen Gefallen zu tun. Mein Vater brachte mein Unverständnis für diese Art von Musik auf folgenden Punkt: »Meine Tochter hat zwar eine technisch-musikalische Begabung, ein polyphones Gehör und ein starkes rhythmisches Empfinden, aber sie ist total unmusikalisch. Sie mag einfach keine Musik.«

Diese strenge Feststellung betraf natürlich die Musik, die mein Vater liebte. Und der ich damals – zugegeben – nicht viel abgewinnen konnte. Die Musik, die ich liebte, war der Swing und einige Musiken, die mein Vater komponiert hat. Ich kann zwar musikalisch vieles interpretieren oder nachmachen, aber ich liebe es nicht. Ich bin auch nicht der Meinung, daß ein Sänger jede Modeerscheinung mitmachen muß, nur um aktuell zu bleiben. Aktuell wofür, für wen?

Der schnelle Schallplattenerfolg ist durchaus keine Garantie für einen ewigen Erfolg. Bei einem Sänger entscheidet sein ganz persönlicher Stil die Karriere. Wird er diesem Stil untreu, verliert er sein Publikum viel eher, als wenn er in einer Zeit, in der er scheinbar nicht mehr aktuell ist, sich selbst treu bleibt. So erklärt sich der Erfolg der ganz Großen – Ella Fitzgerald war immer ein Star, gleichgültig, ob Elvis Presley oder die Beatles gerade einen neuen Stil kreierten. Ein Charles Aznavour wird immer ein Charles Aznavour bleiben und seine Bühnenshow immer ein Renner sein, egal, ob es eine neue Musikwelle gibt oder nicht.

Ich habe neue musikalische Richtungen parodiert, bin aber im Grunde meinen Vorlieben immer treu geblieben. Ob Swing, Jazz oder Chanson – in meinen Bühnenshows spiegeln sich meine musikalischen Vorlieben und Empfindungen wider. Und es gibt anscheinend dafür immer noch eine Nachfrage, ein Publikum, das ich zwei Stunden unterhalten kann – auch wenn meine Plattenumsätze heute nicht den sogenannten Marktmaßstäben gerecht werden. Aber das ist mir egal. Lieber zwei Stunden gut gemachte Unterhaltung, als sich an etwas ranschmeißen wollen, das mir sowieso niemand abnehmen würde.

Mein Vater vermied es gern, für seine Werke den Ausdruck Operette zu verwenden. Sein eigentlicher Ehrgeiz spiegelte sich in dem, was er neben seinen Operetten noch schuf – seinen Werken für den Konzertsaal, darunter Klavierkonzerte,

Orchestersuiten, sogar ein Concerto grosso für Sinfonieorchester und Jazzband. Er kannte sich in den kompliziertesten Harmoniegebungen aus, so daß man sich mitunter fragen konnte, ob man denn nun Strauss, Schreker oder Künneke hörte. Mein Vater nannte seine Operetten oft Singspiele. So war es nicht verwunderlich, daß er ein Werk wie »Liselott« für Schauspieler wie Käthe Dorsch, Hilde Hildebrandt und Gustaf Gründgens schuf. Sein Amerika-Aufenthalt hatte ihn mit dem amerikanischen Musical bekannt gemacht, mit den Melodien von George Gershwin, mit dem Jazz und dem Swing der Modetänze jener Zeit, so daß er einem – damals noch nicht vorhandenen – deutschen Musical näherstand als der herkömmlichen Operette.

Der »Liselott« verdanke ich auch, daß ich meiner ersten ernsten Liebe begegnete. Ich war so um die neun und schwärmte für einen blondgelockten Schauspieler namens Gustaf Gründgens. Der hatte sich nun bei meinen Eltern angesagt, um mit meinem Vater seine Lieder einzustudieren. Ich hatte mir mein schönstes Kleid angezogen und sogar erlaubt, daß man mich frisiert, damit ich auf meinen Schwarm auch den nötigen Eindruck machen konnte. Doch ich wurde über alle Maßen enttäuscht. Mein blondgelockter Jüngling erschien mit Vollglatze. Ich muß ihn wie ein Wesen von einem anderen Stern angestarrt haben, denn er war sichtlich irritiert von meinem Auftreten. Ich aber noch mehr von seinem und zog mich weinend und schmollend zurück. So ergeht es einem, wenn einem die Liebe zu früh begegnet.

Am nächsten Morgen saß mein Vater – höchst ungewöhnlich für ihn – mit meiner Mutter und mir am Frühstückstisch. Neben sich hatte er ein Notenblatt und einen Bleistift. Plötzlich erhob er sich und verschwand für gute zehn Minuten auf der Toilette. Unten vor dem Haus wartete schon ungeduldig sein Chauffeur. Als mein Vater schließlich wieder auftauchte, war er bester Stimmung, gab meiner Mutter und mir einen

Kuß und murmelte so im Hinausgehen, daß er schnell noch die Musik für »diesen gräßlichen Ufa-Film« geschrieben habe und sie jetzt den Filmfritzen ins Büro bringen würde.

Am Abend meinte meine Mutter zu ihm, daß für mich wieder einmal ein neuer Wintermantel fällig wäre. Mein Vater brummelte etwas vor sich hin, was sich nicht sehr nach Einverständnis anhörte. Eine Woche später kam er mit einem blauen Cashmere-Mantel mit Pelzkragen für sein Töchterchen nach Hause. Innen war der Mantel mit Chinchilla gefüttert.

»Ist ja nur das Innenfutter, sieht ja kein Mensch«, sagte mein Vater fast entschuldigend. »Und das Krägelchen ist doch sehr dezent . . .«

Er war und blieb ein Bohèmien, mein Vater. Nur sonnabends sah ich zu, daß ich mich nicht in der Wohnung aufhielt. Das hatte seinen guten Grund, denn mein Vater hatte eine starke Abneigung gegen die Badewanne. Er war überzeugt davon, daß es aus Gründen der Reinlichkeit nicht unbedingt nötig sei, ein Bad zu nehmen. »Ich bin kein unsauberer Mensch, und ich stinke auch nicht«, pflegte er zu sagen und übergoß sich wieder mit einer Ladung Eau de Toilette. Er wechselte täglich seine Wäsche und war der Meinung, daß er sich dadurch schon reinlich halten würde. Er verabscheute es zutiefst, ein Bad zu nehmen, und meiner Mutter gelang es nur mit Mühe, ihn einmal wöchentlich – am Sonnabend – in die Wanne zu bekommen. Dafür hing am Sonnabend – zumindest für den größten Teil des Tages – der Haussegen schief.

Mein Vater schrieb auch nicht gern Briefe; ein Umstand, den ich mit ihm teile. Ich erhielt im Laufe meines Lebens von ihm ganze drei Mitteilungen.

Als ich als Tänzerin und Sängerin meine erste Karriereschritte getan hatte, schrieb mir mein Vater: »Mein liebes Kind, ich würde Dir doch empfehlen, Deine Steuern rechtzeitig zu bezahlen, weil es auf die Dauer für mich sonst denn doch zu teuer wird. Dein Vater.«

So ganz habe ich seinen gutgemeinten Rat doch nicht immer befolgen können, denn ich liege regelmäßig mit der Steuer im Clinch. Für mich ist die Steuer so etwas wie unsere Stasi.

Aus einem anderen Anlaß schrieb er: »Leider warst Du immer viel zu bescheiden, liebe Tochter. Denke stets daran, daß allzuviel Gutmütigkeit leicht als Dummheit ausgelegt wird. Liebe Grüße – Dein Vater.«

Auch in diesem Fall habe ich seinen Rat nicht immer beherzigt. Ich habe nun einmal ein großes Herz, und ich falle lieber einmal mehr auf die Schnauze, als daß ich mir vorwerfen müßte, einem Freund in Not nicht geholfen zu haben. Zwar hat mein Vater recht behalten – ich bin sicher oft genug ausgenutzt und für dumm gehalten worden, aber ich kann nicht aus meiner Haut heraus.

Den letzten Brief – eigentlich nur einen Zettel – schrieb er mir kurz vor seinem Tod: »Liebes Kind! Ich möchte, daß Du mir zwei Wünsche erfüllst. Ich möchte, daß Du mir nicht nachweinst und Deinen Beruf nicht vernachlässigst. Und ich bitte Dich, daß Du die Mama nie verläßt.«

Ich habe seine Wünsche erfüllt – bis auf den mit dem Weinen. Ich war auf einer Tournee, die ich nur kurz unterbrach, als ich erfuhr, daß mein Vater gestorben war. Als ich dann wieder weitermachte, stand als letztes Lied ein Lied im Programm, das mein Vater komponiert hatte: »Das Leben ist ein Karussell«. Da konnte ich die Tränen nicht mehr zurückhalten. Ich mußte die Bühne fluchtartig verlassen.

Als ich in meiner Garderobe saß und hemmungslos weiterweinte, klopfte es plötzlich dreimal an meiner Tür. Ich habe mich umgesehen, aber es war niemand da. Das ist mir drei Abende hintereinander in drei verschiedenen Städten passiert. Am vierten Abend habe ich das Lied weggelassen und das Klopfen hörte auf.

Man kann mich gern für nicht ganz richtig im Kopf halten, aber ich schwöre, daß es so passiert ist . . .

*

Mein Vater starb als Morphinist. Die offizielle Todesursache war Herzschwäche. Das ist auch richtig, aber herbeigeführt wurde sie durch seine Suchtabhängigkeit. Romy Schneider starb an Herzversagen, Rainer Werner Fassbinder – das sind keine Schönheitskorrekturen für die Nachwelt, sondern die ärztlichen Diagnosen. Nur die Auslöser sind andere.

Bei meinem Vater fing es mit fürchterlichen Rippen- und Magenschmerzen an, für die es anscheinend keine Erklärung und gegen die es kein Mittel zu geben schien. Er durchlitt schwere Koliken, die ganz plötzlich auftraten. Kein Arzt konnte ihm wirklich helfen.

Dann entdeckte er ein Mittel namens Dolantin, das rezeptfrei erhältlich war. Mein Vater hatte ja auch Medizin studiert, verstand deshalb viel von Arzneimitteln und entdeckte, daß es sich bei dem Mittel um ein sogenanntes künstlich erzeugtes Morphin-Präparat handelte. Dieses Mittel schien das einzige, das seine Schmerzen lindern konnte. Er hat es sich selbst gespritzt und wurde schnell süchtig.

Insgesamt hat er sich sechs Entziehungskuren unterzogen. Doch er wurde stets wieder rückfällig. Es gelang ihm immer wieder, sich das Zeug zu besorgen, und so fürsorglich er auch meiner Mutter und mir gegenüber war, so sehr verstand er es doch, auch uns zeitweise immer wieder zu täuschen.

Schließlich ist er zu Morphium übergegangen. Erst kurz vor seinem Tod haben Ärzte im Krankenhaus festgestellt, daß die Ursache seiner unerklärlichen Schmerzen ein harmloses Geschwür am Dickdarm war. Wäre es rechtzeitig entdeckt worden, hätte ihn eine kleine Operation von seinen Qualen befreit, und er wäre niemals süchtig geworden.

Fünfmal hat er sich selbst zu einer Entziehungskur einweisen lassen, das letzte Mal habe ich ihn gemeldet, weil ich nicht mehr mit ansehen konnte, wie sehr er litt. Ich konnte es nicht mehr ertragen, wie mein Vater nach dem Stoff verlangte, sich zum Sklaven dieser Droge machte. Aber letztlich war ihm nicht mehr zu helfen. Die Erleichterung, die er gewählt hatte, wurde sein Verhängnis.

Meine Mutter nannte mich damals eine entmenschlichte Bestie, weil ich es fertiggebracht hatte, meinen Vater anzuzeigen. Vielleicht konnte sie es nicht anders sehen, aber ich weiß, daß auch sie die Veränderung, die mit meinem Vater vorging, nur schwer ertragen konnte. Natürlich liebte sie ihn, natürlich hielt sie treu zu ihm und wäre auch bereit gewesen, ihm überallhin zu folgen, aber ich konnte nicht länger mitansehen, wie mein Vater sich und auch meine Mutter durch seine Drogenabhängigkeit zerstörte.

Er kam in die Berliner Staatliche Nervenklinik. Er hatte dort ein Einzelzimmer, in das ihm sogar ein Klavier gestellt wurde. Er bekam auch Urlaub, rief uns an, wir holten ihn ab, fuhren mit ihm ins Grüne. Alles schien besser zu werden, sich zu normalisieren. Meine Mutter und ich schöpften wieder Hoffnung und glaubten, dieses Mal, dieses Mal würde alles gut gehen, würden die Dämonen endlich besiegt werden. Aber es kam anders.

Mein Vater bekam auch in der Nervenklinik, was er brauchte.

»Weißt du«, sagte er zu mir und lächelte mich an, wie man einen Verschwörer anlächelt, »hier in der Klinik kommt man noch leichter an Morphium als draußen.« Er schien sich darüber zu freuen wie ein kleines Kind über einen gelungenen Streich.

Er starb dann nach einer Lungenentzündung. An Herzversagen. Ausgelöst wurde sie durch eine Überdosis, durch einen »Goldenen Schuß« wie es heute heißt. Jemand wollte ihm eine besondere Freude machen, ihm einen Freundschaftsdienst erweisen und hat ihm 15 Morphium-Ampullen in die Klinik gebracht. Wahrscheinlich hat sich mein Vater eine Überdosis gespritzt, so etwas kommt bei Süchtigen leicht vor. Das passiert ganz unbeabsichtigt, im Rausch – Fassbinder ist so gestorben und viele andere, die ich gekannt habe.

Ich habe auch erfahren, wer ihm dieses »Geschenk« in die Klinik gebracht hat. Ich habe nichts gegen diesen Menschen unternommen. Warum sollte ich? Er hat es nicht böse gemeint, und letztlich war es mein Vater selbst, der sich seine Spritzen verabreicht hat.

Rauschgift – egal was – ist seitdem ein Trauma von mir. Ich habe einmal, in den sechziger Jahren, als die Hippies ihre große Zeit hatten, auf einer Party von jemandem eine Haschisch-Zigarette bekommen und sie auch geraucht. Sie hat nichts bei mir ausgelöst. Es war nicht mehr als ein etwas anderer Geschmack, und ich habe Hasch nie wieder angerührt. Ich habe eine absolute Aversion gegen Rauschgift – wenn man nicht auch schon Kaffee und Zigaretten dazurechnet. Für einen Dealer wäre ich ein denkbar ungeeigneter Ansprechpartner. Es gab eine Zeit, vor allem nach dem Tod meiner Mutter, in der ich ganz schön Alkohol in mich hineingegossen habe. »Sie trank mehr als sie sang«, hieß es einmal in einem Zeitungsbericht über mich, und spätestens das war der Moment, an dem ich anfing, dem Alkohol adieu zu sagen. Ich habe mir den Alkohol selbst verboten – ohne jede Entziehungskur. Aber die war Gottseidank auch nicht nötig. Ich nahm nur gern ein Gläschen, und manchmal wurden es eben zu viele. Aber es fiel mir auch verhältnismäßig leicht, darauf zu verzichten.

Es ist mir aber passiert, daß mir jemand LSD in einen Drink gekippt hat. Ich wurde krank, bekam eine Art Cäsarenwahn, wurde unerträglich. Ich ging ins Martin-Luther-Krankenhaus, um eine Schlafkur zu machen, doch die schlug bei mir nicht an. Ich randalierte, raste durch die Gänge und ging auf die Schwestern los. Prompt landete ich in der Nervenklinik, in der man feststellte, daß ich offensichtlich doch nicht verrückt war, sondern LSD im Blut hatte, das sich mit anderen Medikamenten nicht vertragen hatte. Ich wußte nichts davon. Nach drei Tagen war der Schrecken vorbei. Ich wurde entlassen. Trotzdem war dieses Erlebnis ein Alptraum, den ich nie vergessen werde. Wenn man in einer Nervenklinik ist ohne geisteskrank zu sein, dauert es höchstens 14 Tage und man ist es.

*

Mit meiner Mutter habe ich bis zu ihrem Tod im Jahre 1967 in unserer großen Wohnung in der Giesebrechtstraße gelebt, wo wir seit 1939 wohnten. Ich lebe noch heute dort, seit mehr als fünfzig Jahren also.

Das Haus meiner Eltern war stets sehr gastfreundlich. Eigentlich hatten wir immer »open house«. Es verging kaum ein Tag, an dem nicht abends Gäste da waren. Nicht immer die gleichen, denn jeder brachte oft noch jemanden mit, so daß sich der Kreis ständig erweiterte. Meine Mutter war die Seele dieser Zusammenkünfte. Mag sein, daß viele Leute das erste Mal wegen meines Vaters kamen. Aber wenn sie zum zweiten Mal kamen, war bereits meine Mutter der Grund.

Das blieb bis in ihr hohes Alter so.

Später, als ich mit ihr allein lebte, und so mancher Verehrer von mir auch zu uns nach Hause kam, entdeckte ich, daß er plötzlich seine Aufmerksamkeit mehr meiner Mutter als mir zuwandte. Meine Mutter amüsierte sich darüber, wenn ich ihr das sagte, und sie wollte es angeblich nicht gemerkt haben. Doch ich bin überzeugt, daß ihr diese Galanterien durchaus aufgefallen und auch nicht unangenehm waren.

Ihre Ausdauer war bewunderungswürdig. Zeit spielte für sie absolut keine Rolle. Sie saß inmitten des Kreises ihrer oder meiner Verehrer, rauchte ihre Zigarren und konnte sich über alle möglichen Themen unterhalten.

Pit, einer meiner ältesten Freunde, ein früherer Opernsänger, und der mit mir seit seinem elften Lebensjahr befreundet ist, hat diese Nachtsitzungen sowohl mit meinem Vater wie auch später mit meiner Mutter und mir regelmäßig erlebt. Wir haben uns im Laufe der Jahre zwar auch mal aus den Augen verloren, aber stets wiedergefunden. Er kann sich an diese nächtelangen Sitzungen viel besser erinnern als ich und erzählt manchmal köstliche Geschichten, von denen ich schon gar nicht mehr weiß, daß sie sich in meinem Elternhaus abgespielt haben.

Pit: »Mein Vater war Tenor und spielte in der Operette ›Dorf ohne Glocken‹ von Eduard Künneke seine erste Rolle. Später hat er im ›Vetter aus Dingsda‹ gesungen und in fast allen anderen Künneke-Operetten. Natürlich hockte mein Vater oft mit Eduard Künneke auch privat zusammen und irgendwann war ich als kleiner Steppke auch dabei. Evelyn war etwas älter als ich, aber ich habe sie eben schon damals kennengelernt.

Einige Zeit später habe ich dann in der Berliner *Scala* eine Tänzerin bewundert, die Evelyn King hieß. Zu meiner größten Überraschung stellte sich heraus, daß diese Evelyn King meine Evelyn Künneke war, die nicht unter dem Namen ihres Vaters Karriere machen wollte und sich deshalb ein Pseudonym zugelegt hatte. Na, das war eine Wiedersehensfreude.

Noch später, nach Kriegsende, trat sie dann längst als Evelyn Künneke im *Palladium* in Hamburg auf – sehr chic, sehr rothaarig und sehr, sehr schlank. Damals war sie ganz der große Star, swingte man ja nach ihren Platten, ein faszinierendes Geschöpf. Aber wenn man dann privat zu ihr kam, da war sie ein ganz anderer Mensch. Nichts da von Star, sondern ein ganz liebenswerter Mensch einfach, bei dem die Rechte nicht wußte, was die Linke tat.

Und dann war da ihre Mama – eine Dame, die die Weisheit offenbar mit Liebe gepaart hatte. Sie hatte ein Herz, das so groß wie ein Hauptbahnhof war, auf dem pausenlos Züge mit wildfremden Menschen eintrafen, die sich alle bei ihr fanden, sich kennenlernten, einander sympathisch oder auch unsympathisch waren, die wild diskutierten, Musik machten – oder was auch immer. Es ging zu wie in einem Bienenhaus. Man konnte noch so niedergeschlagen sein, wenn man abends in den Künneke-Haushalt ging, war der Alltagsärger im Nu vergessen, und es herrschte wieder eitel Sonnenschein.

Bei Künnekes traf sich alles – Leute von der Musik, vom Film und Theater, von der Oper, dem Ballett oder auch der Bildenden Kunst. Wäre dieser Haushalt für jedermann zugänglich gewesen, hätte Berlin mit ihm seinen prominentesten Künstlertreff gehabt. Da war die Clique um Walter Felsenstein von der Komischen Oper zu Gast, da kamen Regisseure, Schauspieler, Texter oder auch Journalisten. Manchmal auch viele Hungerleider, die irgendjemand mitgeschleppt hatte. Evelyns Mutter legte dann immer noch ein Gedeck auf, als wäre das alles so geplant gewesen und der Unbekannte der sehnlichst erwartete Stargast des Abends.

Sie saß dann meist in ihrem Sessel in der Bibliothek, rauchte ohne jede Mühe neun bis zwölf Zigarren am Abend und genoß die Gesellschaft – und das bis in ihr hohes Alter. Evelyn hat diesen Zug von ihrer Mama geerbt. Auch sie hat immer ein gastfreundliches Haus geführt, auch nach dem Tod ihrer Mutter. Oft haben Künstler bei ihr in ihrer riesigen Wohnung gewohnt – junge, unbekannte Musiker, denen sie Engagements verschaffte; Leute, die aus irgendwelchen Gründen

arzt unverzüglich in ein Krankenhaus eingewiesen, wo sie innerhalb kurzer Zeit wieder zu sich kam. Bei der Frommen Helene wurde bei der Durchsuchung ihrer Wohnung einiges gefunden, das ich schon seit längerem nicht mehr gesehen hatte – die Totenmaske meines Vaters, eine Nerzstola, die ich aus Italien mitgebracht hatte, und die jetzt im Ofen meiner Helene gefunden wurde. Dazu ein ganzes Warenlager an Lebensmitteln, die bis unter die Decke gestapelt waren – Delikatessen, Alkohol, Konfekt, alles von unserem Kaufmann um die Ecke, bei dem meine Mutter und ich seit langem auf Monatsrechnung einkauften. Die Fromme Helene war immer brav einkaufen gegangen – und hatte für sich gleich mit gesorgt, ohne daß wir etwas gemerkt hatten. Auch ein Teil unserer Bibliothek fand sich wieder an. Und aus einem Sack wurden rund 4500 Mark in Fünfmarkstücken und einige Hundertmarkscheine geholt – die gute Seelsorgerin hatte es verstanden, die Unterschrift meiner Mutter zu fälschen oder sie irgendwelche Schecks unterschreiben lassen. Außerdem befand sich jede Menge Medikamente, Kosmetika und Parfüms in der Wohnung – ganz zu schweigen von Briefen, die an mich gerichtet waren und die mich selbstverständlich nie erreicht hatten, darunter auch Vertragsangebote.

Der Prozeß dauerte fünf Jahre. Er hat uns mit allem Drum und Dran rund 65 000 Mark gekostet, denn wir haben den Prozeß verloren, weil meine Mutter nicht bereit war, auszusagen. Als letztes Mittel riet mir mein Anwalt, meine Mutter entmündigen zu lassen. Aber das brachte ich nicht fertig. Nach allem, was sie durchgemacht hatte, wollte ich ihr nicht auch noch ihre Würde nehmen.

Unsere »Perle« kam nicht nur ungeschoren durch den Prozeß, sondern gewann auch auf anderer Linie. Innerhalb kürzester Zeit hatte sie eine neue Anstellung gefunden – als Krankenpflegerin in einem Heim in Dahlem, in dem hauptsächlich sehr vermögende, ältere Menschen untergebracht waren.

Meine große Stütze in dieser Zeit war mein zweiter Ehemann, Reinhard Thomanek. »Laß mal«, sagte er und nahm mich in die Arme. »Das verkraften wir auch noch.« Er war es auch, der in der letzten Zeit mit unserer Peinigerin an meiner Seite gestanden und auf mich aufgepaßt hat. Daß ich diese Tortur überhaupt durchgestanden habe, ist zum großen Teil sein Verdienst.

Natürlich haben sich viele Leute gefragt, wie man in eine solche Verquickung überhaupt hineinrutschen kann. Ich behaupte, das geht schneller als man denkt. Wie oft liest man in Zeitungen von Fällen, daß ältere Menschen von Pflegepersonal ausgenutzt und um ihre Ersparnisse betrogen werden. In anderen Fällen ist es eine gute Nachbarin, die sich so rührend um jemanden kümmert. Im Fall meiner Mutter kam noch hinzu, daß ich oft nicht zu Hause war, außerhalb Berlins Engagements wahrnahm und nicht immer alles mitbekam, was sich bei mir zu Hause abspielte. Und ich war es schließlich gewesen, die Vertrauen gezeigt hatte, glücklich darüber, daß diese Frau bereit gewesen war, meiner Mutter und mir zu helfen. Gerade Künstler sind ja oft sehr empfänglich für ein schmeichelndes Wort, eine Hand, die sich nach einem ausstreckt, besonders in Zeiten, in denen man sich nicht so rosig und stark wie sonst fühlt.

*

Reinhard Thomanek hatte ich mir auf dem Tennisplatz ausgeguckt. Von Beruf war er Diplomkaufmann, hatte mit Künstlern eigentlich gar nichts am Hut und war einer der wenigen Männer in meinem Leben, die nicht jünger waren als ich, sondern auch in dem Punkt zu mir paßte. Wir hatten uns schon ein paarmal auf dem Tennisplatz zugeblinzelt, aber keiner von uns hatte bisher irgend etwas unternommen, um diese Distanz zu durchbrechen. Also, sagte ich mir, laß dir was einfallen, Evelyn.

Ich ließ. Kurzentschlossen lud ich gleich zwölf Tennisherren zu einem Abend mit Sekt und Skat in die Giesebrechtstraße ein. Damit ich nicht die einzige Weiblichkeit war, bat ich noch zwei Damen hinzu – die Opernsängerin Martha Mödl und Trude Herr. Der ganze Abend aber war eigentlich nur geplant, um Reinhard aus seiner Reserve zu locken. Mit Trude Herr hatte ich damals gerade in dem Stück »E Gläsche Kölsch« gespielt. Davor war sie in dem Berliner Cabaret *Tingeltangel*, das Willi Schaeffers leitete und in dem ich mehrfach aufgetreten war, entdeckt worden. Trude Herr war eines Tages, als eine Kollegin erkrankt war, mit einer köstlichen Parodie auf eine Fernsehansagerin kurzentschlossen eingesprungen. Das Publikum war von der schon damals fülligen, aber putzmunteren Kölnerin begeistert gewesen, und seitdem hatte Trudchen Herr zum Ensemble gehört.

Martha Mödl hatte ich durch Pit kennengelernt. Pit und ich hatten sie eines Abends nach einer Vorstellung der »Elektra« von der Deutschen Oper abgeholt. Da stand ein kleines zierliches Mädchen am Bühnenausgang, mit einem Kopftuch, im Regenmantel und mit einem Blumenstrauß in der Hand. »Hallo, Evelyn«, duzte sie mich sofort. »Meinst du, daß ich deiner Mammi die Blumen mitbringen kann, die ich heute bekommen habe?«

Wir waren uns auf Anhieb sympathisch gewesen. Meine Mutter war von Martha Mödl genauso angetan wie ich. »Meine Mutter verehrt dich sehr«, gestand ich der Kollegin von der Oper. »Und meine Mutter dreht immer das Radio lauter oder macht den Fernseher an, wenn Evelyn Künneke auftritt«, lachte Martha Mödl.

»Nur mein Vater sagte immer, daß seine Tochter eine Zotensängerin sei«, brachte ich noch in Erinnerung, worüber Martha Mödl und meine Mutter im Duett lachten. Jedenfalls wurde es ein toller Abend. Als Clou des Abends brachte ich eine Parodie von der »Elektra«, daß Martha Mödl und meine

Mutter aus dem Lachen nicht mehr herauskamen. Ich hatte also guten Grund zu der Annahme, daß in Gesellschaft von Martha Mödl und Trude Herr die anderen elf Tennisherren so beschäftigt sein würden, daß ich mich ganz dem zwölften widmen konnte.

Es klappte – fast zum ersten Mal –, wie ich es mir gewünscht hatte. Martha Mödl und Trude Herr becircten die Herren, erzählten amüsant von ihren Bühnenerlebnissen, und ich widmete mich meinem speziellen Gast. Mit dem Erfolg, daß Reinhard immer mehr seine Reserviertheit verlor, die inzwischen sowieso schon etwas derangiert war – und wir uns am Ende des langen Abends in den Armen lagen.

Geheiratet wurde auch. 1963. Und ich glaubte tatsächlich an den Traum von der großen, ewig währenden Liebe, der nun für mich Wirklichkeit werden sollte. Ich wollte eine brave Ehefrau werden, nur für meinen Mann da sein. Nicht im spießigen Sinne, das würde ja wohl von mir auch nicht erwartet werden, aber ich hatte mein ganzes Leben lang eine Sehnsucht nach Bürgerlichkeit. Ich glaube auch heute noch, daß Bürgerlichkeit, ein ruhender Pol im hektischen Alltag, eine Familie oder ein Partner die besten Kraftquellen für einen Künstler sind.

Ich bemühte mich nach bestem Wissen. Und wir waren auch glücklich. Reinhard war sehr zurückhaltend. Ich erinnere mich, daß meine Mutter, die ihn vergötterte, Freunde eingeladen hatte, um den Ehemann ihrer Tochter vorzuführen. Viele von ihnen wollten es nicht glauben, daß ich tatsächlich geheiratet hatte, hielten es wohl für einen Scherz oder glaubten, es müsse sich bei meinem Ehemann um einen Einäugigen mit zwei Köpfen handeln. Sie waren jedenfalls alle versammelt, und ich rauschte herein, begrüßte die Gäste und wurde umarmt, bis ich feststellte, daß mein Reinhard gar nicht an meiner Seite war. Er war einfach nicht mitgekommen, hatte Panik vor der Tatsache, wie ein Geburtstagsgeschenk vorgeführt zu werden. Meine Mutter war ganz verzweifelt, und ich höre noch heute ihren beschwörenden Ausruf: »Aber es gibt ihn wirklich, meine Lieben. Wartet nur, er wird gleich hier sein!«

Reinhard hat sich immer versteckt, wenn mehr als drei Leute zu Besuch kamen. Und auch diese drei mußten sein Vertrauen erst gewinnen. Er hatte Charme, verstand sich durchaus auf Smalltalk, aber er war im Grunde am liebsten mit mir allein. So rar er sich auch Kollegen oder alten Freunden von mir gegenüber machte, so war er doch immer da, wenn ich ihn brauchte.

Meinen Beruf nahm er nicht ernst, tolerierte ihn aber immerhin. Das war mehr, als ich erwarten konnte. Für meine Lieder interessierte er sich überhaupt nicht, auch nicht für meine ersten Versuche, aus meinem Image der Schlagermieze herauszukommen und mich als Jazz- oder Chansonsängerin zu beweisen. Schon gar nicht konnte er sich vorstellen, daß ich das Zeug zu einer Kabarettistin haben könnte.

Reinhard liebte klassische Musik, stand also der Musik meines Vaters näher. Kein Wunder, daß meine Mutter sich bestens mit ihm verstand. Kein Wunder, daß er meine Mutter sehr verehrte. Oft saßen die beiden abends lange zusammen, hörten Musik oder diskutierten, während ich in der Küche das Essen vorbereitete. Kochen entspannt. Außerdem bin ich gelernte Köchin, mit Gesellenbrief sogar. Aber ich serviere hauptsächlich einfache, deutsche Gerichte, all das, was man heute in Restaurants kaum noch angeboten bekommt. Meine Freunde jedenfalls kommen gern zum Essen zu mir – und mir selbst macht es einen Riesenspaß.

Reinhard hatte eine ausgesprochene Abneigung gegen Knoblauch. Ich hingegen mag Knoblauch. Also habe ich immer etwas ans Essen getan, und wenn Reinhard mißtrauisch fragte, was ich denn ans Essen gegeben hätte, sagte ich immer, das wäre Oregano. Dann hat er ganz brav gegessen.

Einmal jedoch hatte ich es vergessen. Reinhard stocherte im Essen herum, zog den Mund etwas schief und meinte schließlich, ich hätte das Oregano vergessen. Schau an, dachte ich mir, so kann es einem ergehen. »Ohne Oregano schmeckt es nach nichts«, setzte mein Göttergatte noch hinzu, der Knoblauchverächter.

In den zehn Jahren, die wir verheiratet waren, habe ich ihm brav sein Abendessen serviert, wenn er aus seinem Büro nach Hause kam. Wir haben Abend für Abend zusammen gegessen, und ich habe zehn Jahre lang seine Vorliebe für Pommes frites ertragen, die er mehr als alles andere liebte. Kein Wunder, daß ich heute nicht einmal mehr den Geruch von Pommes frites ertragen kann.

Einmal hat ihm unsere Haushälterin das Abendessen serviert, weil ich abends einen Termin bei einem Arzt hatte.

»Nein, danke, sagte mein Reinhard. »Ich habe heute keinen Appetit.«

Abends gab es oft Fernsehorgien bis zum Sendeschluß. Häufig kam Pit zu Besuch, und wir machten es uns vor dem Bildschirm gemütlich – meine Mutter, Pit, Reinhard und ich. Reinhard und meine Mutter schliefen oft ein, wachten irgendwann auf, waren verdutzt, daß der Film immer noch nicht zu Ende war. Meine Mutter strickte an diesen Fernsehabenden endlose Schals oder Pullover, und wenn sie nach ihrem Nickerchen aufgewacht war, meinte sie ganz verwundert: »Mein Gott, was ist die Rökk ausdauernd, die tanzt ja immer noch.«

So spielten sich die ganz bürgerlichen Abende bei uns ab. Ich war glücklich und zufrieden, auch wenn ich feststellte, daß ich einige Pfunde zunahm. Die Geruhsamkeit meines Ehelebens störte mich überhaupt nicht – im Gegenteil. Damals war ich zufrieden, hatte kaum Sehnsüchte nach Bühne, Scheinwerfer und Glitzer.

*

Während meiner Ehe starb meine Mutter nach einem dreimonatigem Koma. Sie wurde 89 Jahre als. Diese Zeit war eine der schlimmsten in meinem Leben. Ich wußte, daß meine Mutter sterben würde, daß ich nichts tun konnte, um sie am Leben zu erhalten.

Ich weiß nicht, ob Menschen im Koma nicht doch noch fähig sind, mitzubekommen, was um sie herum geschieht. Manchmal hatte ich den Eindruck, wenn ich meine Mutter im Krankenhaus besuchte, daß sie mich nicht nur erkannte, sondern auch sehr wohl verstand, was ich ihr sagte. Zwar konnte sie mir nichts mehr erzählen, aber ich glaube, sie wußte, was mit ihr geschah und um sie herum vorging.

Als ich meine Mutter an dem Tag, an dem sie dann starb besuchte, nahm mich eine Pflegerin beiseite und sagte: »Ihre Mutter ist jetzt zum Sterben bereit. Sie spürt, wenn Sie hier draußen vor der Tür warten. Gehen Sie besser nach Hause und lassen Sie Ihre Mutter in Ruhe und Frieden sterben.«

Ich verstand, hinterließ die Telefonnummer meiner Freundin Rosemarie Hammer, der Frau des Galeristen Jule Hammer, zu der ich fahren wollte. Als ich bei Rosemarie ankam, sah ich es bereits ihrem Gesicht an, daß meine Mutter gestorben war.

Ich fuhr zurück ins Krankenhaus, setzte mich ans Bett meiner Mutter und betete. Dann fuhr ich nach Hause.

Was dann geschah, hat mit Ängsten und Paniken zu tun, die mich schon als Kind verfolgten. Ich fiel in ein tiefes, schwarzes Loch. Mein Mann war in seinem Büro, unsere Haushälterin hatte frei, ich war allein zu Hause, meine Mutter war gerade gestorben – ich fühlte mich unendlich allein und verlassen. Ich wollte sterben ...

Selbstmordgedanken haben mich seit meinem sechsten Lebensjahr verfolgt. Ich weiß nicht genau, was die Auslöser dafür waren. Als ich jung war, hatte ich Furcht vor Siechtum und Alter, davor, krank ans Bett oder an einen Rollstuhl gefesselt zu sein. In solchen Angstmomenten habe ich bis zum Tod meiner Mutter insgesamt fünfmal versucht, mir das Leben zu nehmen. Mehr oder minder bewußt oder unbewußt – ganz egal, wie man das nennen will.

Den letzten Versuch unternahm ich am Todestag meiner Mutter. Gedanken an meinen Mann halfen mir nicht, um mich dagegen zu wehren. Mediziner nennen diesen Moment eine »reaktive Depression«, die einen Menschen überfällt, wenn er zum Beispiel den Verlust eines geliebten Angehörigen nicht bewältigen kann.

Ich dachte an nichts mehr, wollte nicht mehr denken. Ich war jeden Tag im Krankenhaus bei meiner Mutter gewesen, die mich kaum noch erkannt hatte. Drei Monate lang. An diesem Tag nahm ich ganz mechanisch alle Tabletten, die ich im Haus finden konnte, schüttete sie in ein Glas Wasser, rührte sie um und schluckte sie in einem Zug hinunter.

Gerettet hat mich Rosemarie Hammer. Sie versuchte, mich anzurufen, und ahnte bereits das Schlimmste, als sich niemand meldete, fuhr zu meiner Wohnung, klingelte und alarmierte schließlich die Feuerwehr.

Im Krankenhaus wurde mir der Magen ausgepumpt, saß ein blasser Reinhard an meiner Seite. Zwischen Verstand und Gefühl klafft eben mitunter eine Lücke ...

Die Drogensucht meines Vaters, das Siechtum meiner Mutter – das waren Erfahrungen, die mich zwangen, mich mit dem Tod auseinanderzusetzen. Meine Selbstmordphasen waren nach dem Tod meiner Mutter überstanden. Ich habe später, als ich vor der Entscheidung stand, meine Hüftoperationen vornehmen zu lassen, nur noch einmal kurz an Selbstmord gedacht, aber den Gedanken sofort aufgegeben. Ich glaube, ich bin von diesem Trauma geheilt.

Aber ich habe mich mit dem Tod beschäftigt und habe keine Angst vor ihm. Ich glaube nicht, daß die Seele stirbt, sondern daran, daß sie weiterwandert. Sagen wir, ich bin geneigt, das zu glauben. Beweisen kann ich es nicht.

Was mich betrifft, habe ich vorgesorgt. Ich habe bei meinem Anwalt ein Schreiben hinterlegt, in dem ich darauf bestehe, nicht an Schläuchen zu sterben, nicht künstlich am Leben erhalten zu werden, wenn ich in ein Koma fallen sollte. Ich bin für eine humane Sterbehilfe, die man jedem Tier zugesteht. Warum also nicht auch dem Menschen?

*

Meine Ehe habe ich selbst zerstört, als ich mich in den wesentlich jüngeren Pianisten Eugen Cicero verliebte. Oder mich in diese Liebe verliebte. Ich rastete völlig aus, glaubte, daß ich unbedingt für Cicero frei sein müßte und ließ mich scheiden.

Damit verließ ich ein für allemal den ruhigen Hafen meines privaten Glücks. Meine Liebe zu Cicero und zu seiner Musik spornte meine künstlerischen Reserven an. Ich wollte wieder ins Licht, wollte Cicero beweisen, daß ich mehr konnte, als nur Tralala-Schlager singen. Also ging alles wieder einmal von vorne los.

Dabei war meine zweite Ehe noch meine beständigste gewesen. Meine erste war nicht nur kürzer, sondern auch stürmischer verlaufen. Immerhin entstammt ihr eine Tochter, die ich nie zu Gesicht bekommen habe, von der ich nur weiß, daß sie Ärztin geworden ist und in Amerika lebt.

Er war Amerikaner. Und Steptänzer. Ich war fünfzehn und er nahm mich junges Ding ernst, war bezaubernd, und ich war verzaubert. Und verliebt. Himmelhochjauchzend und zu Tode betrübt. Ich haßte die Schule, wollte Künstlerin werden – Schauspielerin, Filmstar, Tänzerin, Sängerin, möglichst alles auf einmal. Und ich wollte die Liebe erleben, wie ich sie aus dem Kino kannte. Mit allem Schmus und großem Happy

End. Im Kino ist beim Happy-End ja bekanntlich Schluß, während es im Leben erst richtig losgeht. Was also wußte ich von Ehe, Gemeinsamkeit und Familienleben, wo ich doch noch nicht einmal richtig wußte, was Liebe war?

Was meine Träume von der Künstlerinnen-Karriere anging, war es mein Vater gewesen, der sich darauf verstanden hatte, die Rosinen in meinem Kopf nicht zu groß werden zu lassen. »Meine Tochter kann überhaupt nichts«, war seine ständige Redensart. »Und schön ist sie auch nicht. Aber sie hat das Talent, zweitausendfünfhundert Leuten einzureden, daß sie bei ihr zum Tee eingeladen sind. Und damit wird sie wohl ihren Weg machen«.

Ich war natürlich aufgebracht über soviel Nicht-Vertrauen meines Vaters in meine künstlerischen Ambitionen. Also war ich längst zum Gegenbeweis angetreten. Ich nahm Tanzunterricht, Lucie Höflich gab mir Schauspielunterricht und Maria Ivogün Gesangsstunden. Opernsängerin wollte ich auch noch werden – wie meine Mutter. Als mir mein Vater sagte, ich hätte überhaupt kein Talent, wollte ich es ihm erst recht beweisen. Tanzunterricht hatte ich schon als Kind gehabt, jetzt frischte ich das Erlernte auf.

Mit Schulfreundinnen ging ich regelmäßig auf den Schwoof. Ich war jeden Tag in einen anderen Jungen verliebt oder glaubte es zumindest. Und meine Jungfernschaft war auch schon futsch. Allerdings hatte ich davon so gut wie nichts bemerkt, denn bei einer Tanzprobe hob mich mein Partner hoch, rutschte mit der Hand ab und flutsch war es geschehen, ohne daß ich wußte, was geschehen war ...

Charles lernte ich im Berliner *Wintergarten* kennen. Ich hatte ihn steppen gesehen, fand ihn phantastisch, und ich wollte mir von ihm einen Steptanz kaufen. Ich war fünfzehn, er war zweiundzwanzig, und ich fand das selbstverständlich.

Ich weiß nicht, ob das auch heute noch so ist. Aber damals konnten Künstler die Ideen oder die Gags anderer Künstler kaufen, um sie selbst als Show-Nummer zu verarbeiten. Ein Sänger kaufte sich den Text eines Dichters, die Musik eines Komponisten – und schon hatte er ein neues Lied im Repertoire. Komiker gingen zu sogenannten Gag-Schreibern, die ihnen komische Conferencen oder Witze auf den Leib schrieben. So war zum Beispiel Johannes Mario Simmel, der spätere Drehbuchautor und Bestsellerkönig, nach 1945 Ideenlieferant für viele Journalisten in München. Simmel saß in einem bestimmten Café und verkaufte gegen Geld oder Cognac an weniger begabte Kollegen Glossen, Kurzgeschichten, Anekdoten – alles was gewünscht wurde ...

Ich faßte mir also ein Herz, um mir von Charles eine Stepnummer zu kaufen, mit der ich mein Talent beweisen konnte. Er brachte mir den gewünschten Tanz bei. Und nicht nur den Tanz. So begann es.

Es war die berühmte Liebe auf den ersten Blick. Wir konnten einfach nicht voneinander lassen. Wir trafen uns heimlich und so oft es ging. Meine Eltern durften nichts erfahren, denn ich war ja noch streng minderjährig.

Was ich als Ungerechtigkeit empfand. Denn auch Minderjährige haben Gefühle. Auch Minderjährige verlieben sich, haben Liebeskummer. Und ich habe als Minderjährige eine gesunde Tochter zur Welt gebracht, obwohl dieser Umstand meinen Geliebten auch mit dem Gesetz in Konflikt gebracht hätte, wenn meine Eltern anders reagiert hätten.

Jedenfalls war ich eines schönen Tages schwanger. Nach kurzer Beratung mit dem werdenden Vater entdeckten wir einen Ausweg: Gretna Green, das schottische Heiratsparadies, in dem in der berühmten Dorfschmiede auch sehr, sehr junge Menschen getraut wurden. Dort wollten wir hin – und danach gleich weiter nach Amerika. Denn wir schrieben inzwischen das Jahr 1936. Und mein Charles hatte nicht nur eine Minderjährige geschwängert, sondern war obendrein auch noch Jude, wogegen ich nichts hatte und meine Eltern ganz sicher auch nichts, was aber die deutschen Bürokraten damals sicherlich zu einigen Amtshandlungen veranlaßt hätte.

Also brannten Charles und ich nach Gretna Green durch. Wildromantisch empfanden wir uns, waren fest überzeugt, niemals auseinander zu gehen. Wir wurden getraut, ich schluchzte vor Glück – und dann fuhren wir nach Emmerich zu meinen Großeltern. Dort beichteten wir, dort kam meine Tochter zur Welt, die gleich nach ihrer Geburt mit einer Amme zu den Großeltern nach Amerika gebracht wurde. Der junge Papa begleitete sein Kind. Die Ehe wurde später annulliert. Alles was mir blieb, waren die Stepschuhe.

Ein halbes Jahr vergrub ich mich. Ich heulte den halben Tag, dämmerte vor mich hin, schlug mich mit Selbstmordgedanken herum, so daß mich mein Vater aus lauter Angst, daß ich mir wirklich etwas antun könnte, in ein Sanatorium brachte, das ein befreundeter Psychiater leitete. Dort wurde ich zwar moralisch wieder auf meine zwei Beine gestellt, aber ansonsten blieb ich meinen Zielen treu. Jetzt wollte ich mich mehr denn je aus dem Schatten meines Vaters befreien und ohne ihn Karriere machen.

*

Im Alter von vierzehneinhalb war ich bereits als zweite Solotänzerin an die Berliner Staatsoper engagiert worden. Das war ganz nett gewesen und hatte auch meinen Papa beeindruckt – war ja was sehr Ehrenwertes –, aber mir reichte das längst nicht mehr. Außerdem stellte sich heraus, daß ich als nunmehr Sechzehnjährige als klassische Tänzerin die völlig falsche Figur hatte – sehr groß und mit einem Busen ausgestattet, der sich kaum noch wegdrücken ließ. Und überhaupt – die Klassik hing mir plötzlich zum Halse heraus. Ich erinnerte mich, daß es da eine Amerikanerin gab, die ich bereits im Kino bewundert hatte, die allerdings ganz anders tanzte als alle sterbenden Schwäne auf der Staatsopernbühne, die aber so viel Pep und Charme besaß, daß ich mich nicht sattsehen konnte: Eleanor Powell. Also beschloß ich, die deutsche Eleanor Powell zu werden!

»Broadway Melodie 1935« hieß der Film, in dem Eleanor Powell zeigte, was eine Harke ist. Wie die Powell da abfegte, den Herren der Schöpfung davonsteppte, daß einem der Atem wegblieb, beeindruckte mich ungeheuer. Und außerdem spielte die Musik eine wichtige Rolle. Da war der Swing, der Jazz, alle diese amerikanischen Rhythmen. Und wenn mein Vater mich noch so oft einen »mondänen Zitterschenkel« nannte, wenn er von meinen neuen Ambitionen hörte, so war ich doch unbeirrbar. Die Swingtöne waren für mich ein erholsames Ersatzprogramm vom deutschen Volksempfänger, aus dem damals nur Weisen wie »Wenn am Sonntagabend die Dorfmusik spielt« in die deutschen Haushalte gesandt wurden. »Swing-Tanz verboten« las man immer öfter auf Schildern in den Tanzdielen Mitte der dreißiger Jahre. Und da sich die deutsche Frau nicht zu schminken hatte, Eleanor Powell aber alles andere verkörperte, als jenen Frauentyp, der ohne sein zweites Gesicht auf die Straße ging, standen mir schon aus diesen Gründen die Stepschritte und der Swing inklusive Eleanor Powell näher als deutschtümliche Heidetänze.

Da mir aber auch klar war, daß ich als Tochter von Eduard Künneke nur schwerlich ein internationales Flair verbreiten konnte – was ich glaubte, als Steptänzerin haben zu müssen –, gab ich mir außer einem neuen Image auch gleich einen neuen Namen. Aus Evelyn Künneke wurde Evelyn King.

In der Tauentzienstraße hatte ich das Stepstudio des Engländers Edmond Leslie entdeckt. Und nur einige Schritte weiter das Akrobatikstudio Karl Kuhn. Zwei Jahre lang trimmte ich mich bei beiden in Hochform, machte meine Artistenprüfung mit allem, was dazugehörte, und wurde als

Steptänzerin so schnell professionell, daß ich auch mein Examen als Choreographin machte und mit Horst Matthiessen von der Staatsoper ein Studio mietete und nun selbst Unterricht gab. Da war ich immer noch stark minderjährig ...

Nun also war ich Evelyn King. Im *Kabarett der Komiker* am Lehniner Platz, das Willi Schaeffers leitete, nahm ich an irgendeinem Talentwettbewerb teil und ertanzte mir nicht nur den Ersten Preis, sondern auch ein Engagement im *Kadeko.*

Aber ich wollte weiter. *Scala*-Direktor Eduard Duisburg engagierte mich für sein Haus, und ich war überglücklich, war ich dort doch immerhin an einem Ort meiner Träume gelandet. Jetzt glaubte ich, bereits alles geschafft zu haben!

Ich war ein Erfolg. Muß ich ganz unbescheiden zugeben. Es hagelte Applaus, Blumen. Verehrer. Ich wurde zum »Amerikanischen Traum« in der *Scala*, was sowohl an der Wahl meines Künstlernamen lag als auch am Swing, der in den großen Unterhaltungshäusern damals durchaus noch genehm war, wenn die Braunhemden ansonsten auch nicht zu übersehen oder zu überhören waren.

1933 war ich zwölf Jahre alt. Ich war zwar frühreif, aber von Politik hatte ich keine Ahnung. Was in Deutschland vorging, welche katastrophale politische Wende begonnen hatte, wußte ich nicht. Bewußt wurde mir das erst einige Jahre später. Oder, was vielleicht eher stimmt, ein Jahr später bekam ich eine Ahnung von dem, was sich in Deutschland abspielte.

Ich saß mit meinen Eltern im *Café Schilling*. Plötzlich kam eine sehr elegant gekleidete Dame an unseren Tisch, umarmte meine Mutter, küßte sie auf beide Wangen, begrüßte sie stürmisch und sprudelte einen nicht endenwollenden Wortschwall auf sie hinunter – auf russisch.

Und meine Mutter antwortete – auf russisch!

»Seit wann kannst du Russisch?« fragte mein Vater höchst beeindruckt.

»Schon immer«, antwortete meine Mutter und stellte uns

die Dame vor: »Das ist meine Cousine, die Fürstin Kropotkin.«

Meinem Vater blieb die Luft weg. Ich verstand Bahnhof, aber spitzte meine Ohren. Das schien ja spannend zu werden, dachte ich wohl.

»Fürstin? Fürstin?« wiederholte mein Vater brummelnd.

Schließlich erklärte die Fürstin: »Ihr Frau ist eine gebürtige Fürstin Kropotkin. Sie hat ihre Familie verlassen, ist aus Rußland geflohen, um Opernsängerin zu werden, was sich für eine Fürstin in ihrer Heimat nicht geschickt hätte. So kam sie nach Berlin. Ihre Eltern sind während der Revolution umgekommen. Katharina wurde von ihrer Gesangslehrerin Emma Müller, geborene Falkmann, adoptiert, die mit dem Schauspieler Klaus Müller verheiratet war. Als Künstlerin nannte sich Katharina Müller nun Katharina Garden.«

Und die Fürstin wies meine Eltern auch auf ein besonderes Problem hin. Die Adoptivmutter meiner Mutter war Jüdin, ihr Mann nicht. Da Emma Müller aber meine Mutter adoptiert hatte, galt meine Mutter nach den neuen Gesetzen aber nicht als Jüdin. Oder?

Die Fürstin lächelte: »Das wird kaum etwas helfen, denn die Mutter Ihrer Frau war eine Baronesse Rothschild – aus der russischen Linie. Damit ist sie den neuen Machthabern erneut ein Dorn im Auge«, stellte die elegante Dame fest.

Ich sah, daß diese Erklärungen, von denen ich kaum etwas verstand, meinen Vater in neue Verwirrung stürzten.

Aber die Fürstin wußte Rat: »Da Ihre Frau dem Hochadel angehört, werde ich mich an den englischen König wenden. Er wird Ihnen zu helfen wissen«, setzte die Fürstin beruhigend hinzu.

Kurze Zeit später erhielt mein Vater vom englischen Königshaus das Angebot, einen Titel und die britische Staatsbürgerschaft zu erhalten. Doch mein Vater blieb stur, ließ wieder den Friesen in sich die Oberhand gewinnen.

»Ich hasse Titel und Ehrenbekundungen. Es muß doch einen anderen Weg geben, dieses lästige Problem loszuwerden. Außerdem bin ich deutscher Staatsbürger. Was soll man uns schon anhaben?« meinte er. Dieser – irrigen – Meinung schlossen sich damals viele Deutsche an, die bald darauf eines anderen belehrt werden sollten. Für viele hatte ihre Leichtgläubigkeit gefährliche Folgen. Einigen brachte sie den Tod.

Meiner Tante gelang immerhin ein zweiter Schachzug. Eines Tages wandte sie sich an einen Gesandten Schmidt vom Auswärtigen Amt, erklärte diesem die Lage und bat ihn, daß mein Vater doch von »diesem lästigen Problem« erlöst werden möge, da es sonst geschehen könnte, daß der Operettenkomponist Eduard Künneke mit seiner Familie Deutschland verlassen müsse.

Daraufhin begab es sich, daß ein Erlaß ausgestellt wurde, nach dem Eduard Künneke und seine Familie »in keiner Weise wegen ihrer jüdischen Versippung« zur Verantwortung zu ziehen seien. Unterzeichnet war dieser Erlaß von – Adolf Hitler. Erreicht hatte dieses meine Tante Nina. Sie hatte sich allerdings einer Mittlerperson bedient, die sie gut kannte und von der sie wußte, daß sie in Hitlers Gunst stand: Leni Riefenstahl, der Regisseurin, die mit ihren Olympia-Filmen zu einem Liebling Hitlers wurde.

Ich wurde daraufhin noch einmal getauft: Griechisch-orthodox, auf den Namen Eva Susanne Katharina Antonia Sophia Maria Lubow Künneke. Evelyn ist nur mein Künstlername. Meine Vornamen habe ich nach der Rolle aus der Künneke-Operette »Dorf ohne Glocke«, in der meine Mutter die Eva sang, und nach der Susanne aus »Figaros Hochzeit«, der Lieblingsrolle meiner Mutter.

Als ich sechzehn war, reiste meine Mutter mit mir eigens nach London, um mich bei Hofe vorzustellen. Mama haßte alles, was mit dem Adel zusammenhing. »Deine Vorfahren waren Raubmörder«, sagte sie mir oft. Wenn ich an mein mitunter doch etwas ungezügeltes Temperament denke, glaube ich, daß ich eine ganz gute Portion von dieser Seite meiner Vorfahren abbekommen habe. Aber auch einiges von der friesischen Sturheit, Gutmütigkeit und Sentimentalität meines Vaters.

Mein Vater liebäugelte damals ein wenig mit London. Er glaubte zwar nicht wirklich daran, emigrieren zu müssen, schien sich aber auch nicht ganz sicher zu sein. Nach meinem Zusammenbruch als Folge meiner Frühehe, ging ich für einige Zeit nach London, wo ich unter anderem Schauspielunterricht bei Leslie Howard erhielt, der durch seine Filmrollen als Ashley in »Vom Winde verweht« und als Partner von Ingrid Bergman in »Intermezzo« international berühmt wurde. Mir ist er vor allem als »Scarlet Pimpernell« unvergessen, der edle Kavalier und Rächer, und wenn dieser Film heute im Fernsehen wiederholt wird, kann ich nicht umhin - ich muß ihn mir ansehen. Später ist Leslie Howard unter nie ganz geklärten Umständen bei einem Flugzeugabsturz ums Leben gekommen. Es hieß, er sei in hoher militärischer Mission tätig gewesen, und die Deutschen hätten das Flugzeug, in dem er saß, aus dem Grunde abgeschossen, weil sie glaubten, Winston Churchill wäre an Bord.

Auch Hermann Göring verwandte sich für meinen Vater. »Es geht nicht an, daß der bedeutendste deutsche Operettenkomponist in London arbeitet«, befand er. Er beorderte meinen Vater zurück, sorgte aber gleichzeitig dafür, daß unser Name von eventuellen Angriffen geschützt blieb. Bei einer Silvester-Aufführung kam es sogar zu der etwas absurden Situation, daß Hitler und die halbjüdische Ehefrau Eduard Künnekes, zusammen mit Klein-Evelyn in der Ehrenloge saß, während Papa Künneke am Dirigentenpult stand.

In diesen ersten Jahren der NS-Herrschaft, jedenfalls bis zum Kriegsausbruch, kam es mitunter zu grotesken Situationen. Ich erinnere mich an das Geflüster hinter vorgehaltener Hand, daß eine Schauspielerin angeblich als NS-Spitzel tätig wäre. Ich bin ihr auch nach 1945 oft begegnet, als sie bereits mit einem US-Offizier verheiratet war, und kann nichts Nachteiliges über diese Kollegin sagen. Auch Maria Paudler wurde immer wieder vorgeworfen, sie hätte sich allzu leichtfertig vor den NS-Karren spannen lassen, aber dann muß man auch sagen, daß es kaum jemanden gegeben hat, der ganz unschuldig geblieben wäre.

Veit Harlan wurde nach 1945 immer wieder vor das Entnazifizierungsgericht gestellt. Auf ihn schien sich der ganze aufgestaute Haß zu konzentrieren, während viele andere einfach so durchrutschten. Prominente und Nicht-Prominente. Ich weiß nur, daß mein Vater als Entlastungszeuge für Veit Harlan aufgetreten ist, und wenn er das getan hat, dann muß er seine guten Gründe gehabt haben.

Auch mein Vater wurde schließlich entnazifiziert, nachdem er sich eine Zeitlang geweigert hatte, vor dem Ausschuß zu erscheinen. Nicht, weil er etwas zu verbergen gehabt hätte, sondern weil er die Tatsache an sich als unwürdig empfand.

Mein Vater war 1933 auf Drängen und Bitten vieler – auch jüdischer Kollegen – in die NSDAP eingetreten. Mein Vater haßte Parteizugehörigkeit, was schon seine Aversion gegen jede Vereinsmeierei bewies, aber viele Freunde und Kollegen rieten ihm zu, in der Hoffnung, daß sich mein Vater dann besser für sie verwenden könnte. Doch schon ein halbes Jahr später wurde mein Vater wieder ausgeschlossen, da er mit einer »Nichtarierin« verheiratet war.

Jetzt, nach 1945, fühlte sich mein Vater diffamiert. Er wollte um keinen Preis vor einem »kleinkarierten Verein« seine Unbescholtenheit nachweisen. Partout nicht. Er stellte sich auf die Hinterbeine. Ihm war es ganz egal, wie diese Haltung ausgelegt werden würde. Das Ergebnis war, daß seine Einnahmen gesperrt wurden, und ich ungefähr ein halbes Jahr meine Eltern mit meinen Engagements unterhielt.

Es war nicht weiter schlimm, aber es kratzte an der Ehre meines Vaters. Als die Herren schließlich wieder einmal bei ihm anfragten, ob er nicht doch bereit sei, rang er sich durch und stellte sich der Kommission.

Die Beweisaufnahme gestaltete sich äußerst günstig, so daß mit einer Rehabilitierung meines Vaters zu rechnen war, als plötzlich ein Belastungszeuge auftrat. Die in New York lebende Witwe des von den Nationalsozialisten ermordeten Librettisten Max Bertuch erhob schwere Anklagen gegen meinen Vater und bezeichnete ihn als alleinigen Nutznießer der Operetten »Glückliche Reise« und »Herr über Bord«, obwohl Max Bertuch zusammen mit Curt Schwabach Verfasser der Texte war.

Durch weitere Zeugenvernehmungen, insbesondere die der Verlegerin Charlotte Nehring, ergab sich die völlige Haltlosigkeit der Beschuldigungen. Mein Vater konnte schließlich den Programmzettel einer Aufführung von »Glückliche Reise« aus dem Jahre 1943 in Braunau am Inn vorlegen, auf dem an erster Stelle die Namen der jüdischen Librettisten Max Bertuch und Curt Schwabach gesetzt waren. Der Name meines Vaters, der die Musik komponiert hatte, stand hingegen überhaupt nicht auf dem Plakat. Im übrigen wurde in der Verhandlung festgestellt, daß »das Haus Künneke während der Nazizeit eine Zufluchtstätte vieler Verfolgter gewesen ist«.

Das war es tatsächlich. So lebte inzwischen auch Emma Müller, meine jüdische Adoptiv-Oma, in unserem Haushalt. Und unter den Gästen, die meine Eltern, mich oder uns alle besuchten, waren so manche Kollegen, die aus dem einen oder anderen Grund – zeitweise oder bis zum Ende der Schreckensjahre – durchaus gefährdet waren. Aus den verschiedensten Gründen.

Es gab viele Gründe für Gefährdungen – ganz oben auf der

Liste standen jüdische Mitbürger oder Paare, die in sogenannten Mischehen lebten. Der Schauspieler Joachim Gottschalk nahm sich aus diesem Grunde mit seiner Frau und den beiden Kindern das Leben, weil der Familie der Alltag zur Hölle gemacht wurde und alle Beliebtheit Gottschalks beim Publikum nichts half. Da hatten Hans Albers, Paul Henckels, Hans Moser mehr Glück, die auch mit »nicht-arischen« Frauen verheiratet waren oder mit ihnen zusammenlebten. Sie wurden toleriert, weil sie so beliebt und so große Stars waren, daß dieser »Fauxpas« übersehen wurde. Was allerdings nicht hieß, daß sie nicht gefährdet gewesen wären. Hans Moser lebte beispielsweise in ständiger Angst, daß seine Frau eines Tages doch noch verhaftet werden würde.

Dann gab es die sogenannten politisch Unzuverlässigen oder eindeutig anti-nationalsozialistisch Eingestellten. Wer nicht ins Exil gegangen oder im Untergrund tätig war, tarnte sich so gut es ging. Doch schon die kleinste Äußerung, ein Verdacht oder eine simple Denunziation genügten, um eine Verhaftung zu rechtfertigen.

Der Schauspieler Hans Otto gehörte zu diesen Opfern, und selbst seine Freundschaft zu Gustaf Gründgens und die frühere gemeinsame, kommunistische Verbindung zu Heinrich George konnten ihm nicht das Leben retten.

Dann die Zigeuner. Und schließlich Homosexualität. Sie war ein Dorn im Auge der Machthaber, ein Angriff auf das »gesunde Volksempfinden«, das geradezu nach Fortpflanzung schrie. Ich bin häufig gefragt worden, weshalb ich mich so oft für Homosexuellen-Organisationen oder für die Aids-Hilfe einsetze und weshalb ich mit so vielen schwulen Männern befreundet bin. Ich kann nur sagen, daß man nicht schwul sein muß, um mit mir befreundet zu sein, daß ich aber gegen jede Art von Diskriminierung bin – egal gegen wen, warum und wo. Und das nicht erst, seit ich Rosa von Praunheim kenne.

Homosexualität verstehe ich weder als Krankheit noch als Perversion, sondern als eine von vielen verschiedenen Möglichkeiten der Sexualität. Dazu muß man gar kein Experte sein, sondern nur über ein bißchen Menschenverstand und Lebenserfahrung verfügen.

Es wird niemand zur Homosexualität verführt, der es nicht will. Und das ganze Gerede von familiengeschädigten Persönlichkeitseinflüssen kann ich in diesem Zusammenhang auch nicht mehr hören. Ich kenne sogenannte heterosexuelle Männer, die auch schwule Erfahrungen haben, wie ich schwule Männer kenne, die durchaus nicht aufschreien, wenn sie einer Frau nahekommen. Ich hatte ein sehr zärtliches Liebesverhältnis mit meinem Friseur, der von sich selbst sagte, daß er schwul ist und auch mit vielen Männern Beziehungen hatte. Eines Tages erklärte er mir, daß er mich liebe und als Beweis dafür mit mir schlafen wolle. Er war damals fünfundzwanzig, ich bereits über fünfzig, und wir hatten eine ganze Weile ein sehr schönes Verhältnis miteinander.

Rainer Werner Fassbinder, ebenfalls eigentlich nur an Männern interessiert, war der letzte Mann, mit dem ich geschlafen habe. Er hat mich auf eine sehr direkte und sehr zärtliche Weise verführt, möchte ich sagen.

Ich hatte damals dem Sex eigentlich schon abgeschworen. Ich wohnte in München im *Hotel Maske* und saß abends mit Fassbinder zusammen, als er plötzlich zu mir sagte, daß er mit mir schlafen möchte. Jetzt, sofort.

Ich nahm ihn zunächst gar nicht ernst und sagte ihm, er müsse mich aber bitte zu meinem Zimmer hinauftragen. Ich war nicht mehr die Schlankeste, aber Fassbinder stand ohne jeden Kommentar auf, hob mich auf seine Arme und schleppte mich die zwei Treppen zu meinem Zimmer hinauf.

Zwischen uns gab es eine sehr zärtliche Verbundenheit, die alles sehr einfach und selbstverständlich machte, was zwischen uns geschah. Ich wog gute zwei Zentner und empfand mich nicht gerade als besonders begehrenswert. Aber Fassbinder schien meine Körperlichkeit überhaupt nicht zu stören. Er behandelte mich wie die schönste und begehrenswerteste Frau. Und ich empfand, daß es unsere seelische Verbundenheit ganz selbstverständlich machte, wenn wir uns auch im Bett nahe waren.

Ob schwul oder nicht – ich habe nie ganz verstanden, was die Menschen am Sexleben von Prominenten so interessant finden. Es geistern da, glaube ich, die absonderlichsten Phantasien durch die Köpfe bestimmter Publikumsschichten. Ich verstehe, daß jemand für einen Star schwärmt, und es ist mir auch klar, daß diese Beziehung – in der einen oder anderen Färbung – auch sexuelle Untertöne hat. Aber ansonsten würde ich meinen, daß Stars ein genauso normales Sexleben haben wie andere Menschen auch – vielleicht ein bißchen oberflächlicher sogar, aber bestimmt nicht unbedingt aufregender.

Und die Frage, ob David Bowie, Mick Jagger oder sonstwer nun schwul sind oder nicht, finde ich absolut uninteressant. Sie sagt nichts über das Können oder Nicht-Können des jeweiligen Künstlers aus. Ich meine, daß jeder Mensch in seinem Leben die Möglichkeit hat, auf den verschiedensten Gebieten die unterschiedlichsten Erfahrungen zu sammeln. Und meiner Meinung nach sollte jeder so viele Erfahrungen wie möglich machen. Jedenfalls gibt es dann weniger Versäumnisse im Leben. Was er aus den jeweiligen Erfahrungen – auch den sexuellen – macht, ist eine andere Geschichte.

Was ein Mann im Bett anstellt, interessiert mich nicht. Er bleibt aber für mich ein Mann, auch wenn er schwul ist. Romy Haag, Berlins und vielleicht ja auch Deutschlands berühmtester Nachtfalter, war meine Partnerin in einem Film, der den Titel »Die Hamburger Krankheit« trägt, und für den ein Regisseur namens Peter Fleischmann verantwortlich war. Den Film habe ich nie gesehen und viele andere Menschen – Gott sei Dank, glaube ich – auch nicht. Die Geschichte des Films habe ich ebenfalls längst vergessen, falls es überhaupt eine solche gab, die man erzählen könnte. Aber unvergessen ist mir ein Erlebnis am Rande der Dreharbeiten. Ich saß mit Romy Haag in einer Drehpause in einem kleinen Lokal, als mich ein Betrunkener anmachte.

Nun reagiere ich zunächst auf derartige Vorkommnisse gelassen, doch ich merkte, daß die Angelegenheit brenzlig werden könnte.

Ich nahm also meine Brille ab, wies den Betrunkenen laut und eindringlich darauf hin, daß ich den Schwarzen Gürtel in Karate gemacht hätte und bat ihn, sich doch zurückzuhalten.

Doch wie es eben so ist – der Kerl krakelte nur noch lauter und seine Gebärden wurden bedrohlicher. Da schnellte plötzlich Romy Haag wie eine Natter neben mir hoch, ging dem Mann an den Kragen und zischte: »Das will ich Sie mal sagen: Ich bin keine Frau, sondern ein Mann, und wenn Sie hier nicht abhauen, dann knallts!«

Einszweidrei war der Kerl weg. Ich war so verdattert, daß mir die Spucke wegblieb. Da soll mir mal einer sagen, Deutschlands schönster Travestiestar habe keinen Mumm in den Knochen ...

Ich bin erst vor kurzem wieder mit Romy Haag zusammengetroffen und als Gaststar in ihrer Show »Hexenkessel« in der Berliner *Ufa-Fabrik* aufgetreten. Jeden Abend stellte Romy Haag ihrem Publikum einen anderen Star als Gast vor, und zu mir sagte sie hinterher, daß ich der einzige gewesen wäre, bei dem es Zugabewünsche gegeben hätte. Na, das hat die fast siebzigjährige Schlager-Oma doch gefreut.

Ich empfinde Romy Haag übrigens – trotz ihres mannhaften Einsatzes für meine Person in Hamburg – als Frau. Deshalb komme ich gar nicht auf die Idee, von ihr anders denn als Frau zu sprechen. Ganz egal, ob da noch etwas vorhanden ist, was sie – bürokratisch – als Mann ausweisen würde ...

Damals aber sah es für Homosexuelle anders aus. Gustaf Gründgens hatte Marianne Hoppe geheiratet – schön für beide, denn sie waren sicherlich im künstlerischen und seelischen Verständnis eine Einheit. Aber viele andere homosexuelle Künstler waren – trotz ihrer Prominenz – gefährdet. Es kam vor, daß der eine oder andere erpreßt, denunziert oder verhaftet wurde. Aber es gab auch damals Oasen der Freiheit wie die *Barth-Bar*, die von Nana, einer echten Berlinerin aus Hildesheim, geführt wurde; ein Künstlertreffpunkt, der die ganzen NS- und Kriegsjahre überstand und in dem sich alle jene trafen, die für ein paar Stunden der braunen Realität entkommen wollten. Dazu gehörten der herrliche Hubert von Meyerinck ebenso wie der Jagdflieger Joachim Marseille, Kollegen von der Oper, dem Theater, dem Film und aus der Mode. Ein bißchen kam dort so etwas wie ein Resistance-Gefühl auf, auch wenn das niemand wirklich öffentlich zugegeben hätte. Aber alle, die dort verkehrten, wußten, weshalb sie dort waren – sie suchten eine Zuflucht vor dem, was draußen um sie herum vorging.

Und ich? Ich war Evelyn King und steppte mich in den Erfolg. So erfolgreich, daß mich 1938 sogar mein Vater für seine Operette »Glückliche Reise« entdeckte und mir eine Stepnummer einbaute.

Die Premiere fand im Münchner Gärtnerplatztheater statt. Im Paillettenfrack und mit Netzstrümpfen sollte ich aus einer Trommel springen, eine Papierwand durchstoßen und dann eine lange Treppe heruntersteppen.

So war es jedenfalls geplant. Ich sprang durch die Papierwands – und rutschte bäuchlings treppab bis vorn an die Rampe. Ohne zu steppen. Dafür humpelte ich mit einem verstauchten Knie hinter die Bühne. Das Publikum spendete Beifall und glaubte, daß sollte alles so sein!

Mit dem Etikett »Beste Steptänzerin Europas« versehen tingelte ich kurze Zeit später durch die internationalen Varietéhäuser, legte Rondat, Flic-Flac und Salto rückwärts hin, steppte so voller Swing und Schwung, als sei diese Art der Fortbewegung die natürlichste von der Welt.

Und dann war es von heute auf morgen mit Evelyn King vorbei. Ich kam von einer Auslandstournee zurück nach Berlin und es hieß, daß der Name King für eine deutsche Künstlerin so wesensfremd wie »entartete« Kunst sei. Deutsche Künstlerinnen hatten nun eben Müller, Schmidt oder wasweiß-ich zu heißen. Und Auslandsgastspiele wurden ebenfalls verboten: Bleibe im Lande und nähre dich redlich ...

Außerdem hielt mir die Reichskulturkammer eine Liste mit Minuspunkten vor. Dazu gehörten mein jüdischer, amerikanischer Ex-Ehemann und meine jüdische Großmutter. Ich sei daher völlig ungeeignet, deutsche Kultur zu vertreten – weder als Schauspielerin noch als Tänzerin, denn Steptanz galt sowieso als Un-Kultur, wenn nicht gar als amerikanische Kulturpropaganda (womit die Herren von der Reichskulturkammer gar nicht so unrecht hatten).

Da saß ich nun wieder in meinem Elternhaus in der Giesebrechtstraße und verstand die Welt nicht mehr. Evelyn King war tot. Wie aber sollte es weitergehen? Also biß ich in den sauren Apfel und wurde auch beruflich, was ich privat immer gewesen war: Evelyn Künneke.

Steppen durfte ich nicht mehr, aber als Artistin war ich erlaubt. Da könne wohl kein großer Schaden angerichtet werden, meinten die Kulturvertreter. Und da Österreich 1938 dem großdeutschen Reich »angeschlossen« wurde, durfte ich immerhin nach Wien. Wenigstens ein Hauch von Ausland, dachte ich mir. So kam Wien zu der Ehre, das künstlerische Debüt von Evelyn Künneke zu erleben. Ich trat im *Ronacher* auf, traf Kollegen, die ich schon immer verehrt hatte und für die Wien ebenfalls ein Eiland unter dem braunen Banner geworden war – Willi Forst, Hans Moser, Hans Holt, Paul Hörbiger.

Das bin ich, Evelyn Künneke, in der Blüte meiner Jahre: Kurze Locken, blutroter Mund, sehnsuchtsvoller Blick und ein paar Federn am Kleid – »Sing, Nachtigall, sing . . .«

Vater Eduard Künneke und Tochter Evelyn (oben): Die Ähnlichkeit ist unverkennbar – leider, wie ich immer fand. Inzwischen habe ich mich daran gewöhnt. Der Wonneproppen in der Mitte bin ich als Kind, einmal auf dem Arm meiner schönen Mama. Der skeptische Blick auf dem linken Foto wird mir heute noch nachgesagt – manchmal. Unten links ist mein Vater mit seinen Eltern Edmond und Sophie Künneke zu sehen, meine Großeltern.

in, das ist nicht Bill ley als Travestie- r. Das bin ich mit nmalzlocke in den hen fünfziger ıren.

Mein Gott, wie schön und elegisch. Ein Porträtfoto am Beginn meiner Gesangskarriere, vielleicht noch nicht volljährig?

Evelyn – nein, nicht Künneke, sondern Evelyn King, die Steptänzerin, mit Partner in der Berliner *Scala*.

Dieser Durchlaßschein ist beim letzten Grenzübertritt abzugeben.

Durchlaßschein Nr. I/26 895

Protektorat Böhmen u. Mähren

(Angabe des oder der Gebiete in roter Schrift)

Eva-Susanne Künneke

(Vorname, Familienname, Beruf)

aus

(Ständiger Wohnort, Straße, Hausnummer)

ist berechtigt, unter Vorlage des Passes — Paßersatzes — Kinderausweises — der Kennkarte — des amtlichen Lichtbildausweises

Nr. B369691

ausgestellt von ... in der Zei

vom 13. 1. 1943 bis zum 13. 2. 194

einmal¹) und zurück¹) — wiederholt¹)

über die amtlich zugelassenen Übergangsstellen nach

Protektorat Böhmen u. Mähren

(Angabe des oder der Gebiete in roter Schrift)

zu reisen. Berlin-Charlottenburg 5, Kaiserdamm 1., den 13. 1. 194

Der Polizeipräsident in Berli

Polizeiamt Charlottenburg

(Unterschrift)

¹) Nichtzutreffendes streichen.

A 88 (1. 41) Reichsdruckerei, Berlin Din 476 A

Noch einmal Evelyn King, die Stepmaus – zusammen mit Bert Duke, angekündigt als »Steptanz-Sensation«.

Damals war's: Mit diesem offiziellen Durchlaßschein konnte ich während des Krieges meine Tourneen antreten.

Plakat zu meinem Auftritt in Budapest: Man beachte, daß ich als deutsche Stepkönigin à la Ginger Rogers angekündigt werde . . .

Auftritte vor deutschen Soldaten, begleitet von einer Band in Uniform (Fotos oben). Ich sang, lächelte und scherzte, versuchte nicht zu zeigen, wie es mir ums Herz war. Als Dank bekam ich von einer Einheit diese selbstgemalte Postkarte (unten links), die ich bis heute aufgehoben habe. Sie ist mir mehr wert als jede Goldene Schallplatte. Und so sah mich mein Publikum damals auf Starpostkarte: geheimnisvoll und verführerisch (rechts unten).

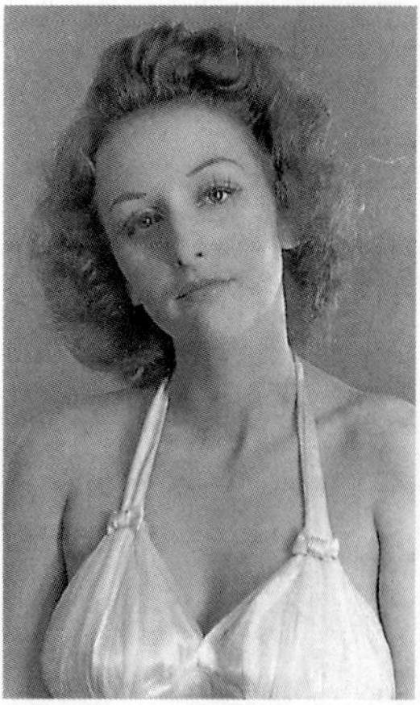

Berlin 1945 oder 1946: Der Krieg war vorbei. Ich lebte bei meinen Eltern in der Giesebrechtstraße. Berlin war zerbombt, die Theater und Konzertsäle überfüllt. Und ich flickte die Speichen und Schläuche meines Fahrrades, mit dem ich durch die Trümmer radelte. Speichen und Schläuche waren damals Mangelware, schierer Luxus. An ein Auto war noch nicht zu denken (oben). Auf dem unteren Foto bin ich mit meiner Schmuggler-Gang vom Schwarzmarkt: Mignon sitzt neben mir, ich bin »die Dritte von rechts«, wie auch ein Film hieß, den ich damals drehte. Ganz rechts Fritz Maron.

ei Männer, die in
inem Leben wichtig
ren: Michael Jary
en links) war mein
uflicher und priva-
Begleiter für elf
rmische Jahre. Ihm
e ich meine größ-
Erfolge in den vier-
r und fünfziger Jah-
zu verdanken. Den
men des Herrn
nts auf dem Foto
e ich leider verges-
. Den Herrn auf
n mittleren Foto
e ich geheiratet:
nhard Thomanek.
; Foto entstand vor
dem Standesamt, rechts neben ihm steht meine Mutter. Und der charmante Herr auf dem unteren Foto ist Charles, Amerikaner, Steptänzer und Vater meiner Tochter, die ich nie sah . . .

Ich und der Film der fünfziger Jahre: Meistens war ich im Fach singender Vamp beschäftigt, umgarnte den Hauptdarsteller, verlor ihn an die edle blonde Hauptdarstelle rin und durfte ein Lie singen oder auch tanzen, statt ihn ins Hap py-End zu führen. Die Filme und ihre Titel waren austauschbar, ich spielte stets die gleiche Rolle in »Das unmögliche Mädchen »Meine Frau macht Musik«, mit Günther Simon bei der Defa g dreht, oder in »Verlorene Melodie« (von oben nach unten). De Titel des Films, aus dem das vorletzte Bil stammt, habe ich ver gessen. Aber ich spiel offensichtlich mit – ganz links wie man sehen kann . . .

Mitten in eine Vormittagsprobe im *Ronacher* platzte die Nachricht vom Kriegsausbruch: »Seit fünf Uhr vierundfünfzig wird zurückgeschossen...« Ich begriff kaum, was das hieß. Konnte oder wollte nicht glauben, daß ich mich nicht in einem Film befand, der aus irgendwelchen, mir unerklärlichen Gründen plötzlich Realität angenommen hatte. Krieg – das war doch vor meiner Zeit gewesen. Damals, vierzehn-achtzehn, aber doch nicht jetzt, nicht hier und heute ...

Ich wurde schnell eines besseren belehrt. Denn jetzt durfte ich plötzlich nicht nur wieder steppen, jetzt wurde ich sogar dazu abkommandiert. »Kraft durch Freude« hieß die sogenannte Kulturorganisation, die es sich verstärkt zur Aufgabe machte, den deutschen Massen Freude für die Kraft zu machenb, die sie für das, was auf sie zukommen sollte, auch dringend benötigen würde.

Künstler wurden abkommandiert wie Soldaten. Auftritte hier, Auftritte dort. Mit Tourneebussen ging es von 1939 an über Land – Musiker, Artisten, Schauspieler, Unterhaltungskünstler jeder Art, um die Stimmung bei Volk – und bei den Soldaten – zu heben.

*

So schaukelte auch ich im Troß einer fünfzigköpfigen Truppe über die Landstraßen. Star unserer Truppe war Peter Igelhoff, ein Wiener, der mit seinen jazzigen Pianokünsten Furore gemacht hatte. Ein Vollblutmusiker. Die meisten seiner Lieder kannte ich auswendig, weil sie das besaßen, was ich auch liebte – Swing.

Am besten gefiel mir das Lied mit dem etwas merkwürdigen Text »Dieses Lied hat keinen Text«.

»Machen Sie doch mal eine Probeaufnahme«, meinte Igelhoff ganz locker, als ich ihm mein Faible für das Lied gestanden hatte.

»Ich steppe, aber ich bin doch keine Sängerin«, empörte ich mich.

»Vielleicht wissen Sie es nur noch nicht«, konterte Igelhoff und meldete mich zu einer Probeaufnahme bei seiner Plattenfirma an.

Zwei Wochen später war die Aufnahme im Kasten, eine weitere Woche später wurde ich in das Electrola-Büro bestellt. Die Aufnahme wurde mir vorgespielt, die beiden Herren hinter ihrem Schreibtisch bekamen verträumte Augen.

Ich nicht. »Klingt ja völlig heiser«, kommentierte ich enttäuscht das Ergebnis meiner sängerischen Bemühungen.

»Das ist ja gerade so phantastisch«, prusteten die Electrola-Herren. »Da werden die Leute drauf abfahren. So etwas haben wir bisher noch nicht.«

Dann legten sie mir einen Vertrag vor, zeigten mir, wo ich zu unterschreiben hätte – damit war ich nun Sängerin.

Sängerin! Mein Vater schüttelte den Kopf, als er von der Geschichte hörte. Noch heftiger allerdings, als er die Platte das erste Mal hörte. Meine Mutter bedauerte mich und meinte, dafür, daß es bei mir zu einer Karriere als Opernsängerin nicht gereicht habe, weil meine Stimmbänder nicht schließen, sei es doch ein ganz gutes Ergebnis. »Übriggeblieben ist eben nur diese etwas heisere Knabenstimme«, sagte sie. »Und die hat nicht jede Sängerin. Da haben die Leute von der Plattenfirma schon recht. Damit bist du eine Spezialität.«

Das sollte nun ein Trost sein. Eine Spezialität, na danke, dachte ich. Allerdings kam ich alsbald aus dem Staunen nicht mehr heraus. Die Platte schien dem Publikum tatsächlich zu gefallen. Sie wurde wie verrückt gekauft. Und ich bekam meine erste Fanpost. Sie nahm sehr schnell zu. Darunter waren viele Feldpostbriefe von Soldaten, die mir schwärmerische Zeilen widmeten, von ihren Ängsten und Empfindungen schrieben. Ich war achtzehn Jahre alt und völlig verwirrt.

Plötzlich mußte ich mich damit auseinandersetzen, daß ich nicht nur Eduards Tochter und eine Steptänzerin war, sondern auch noch Schlagersängerin und eine kleine Berühmtheit. Wenn auch nur eine Spezialität ...

Im selben Jahr drehte ich meinen ersten Film. »Nacht ohne Abschied« war der Titel. Worum es in dem Film eigentlich ging, weiß ich nicht – habe ich übrigens von den meisten der Filme mit mir, die dann folgten, auch nicht gewußt. Meine Rollen beschränkten sich in der Regel ganz allgemein auf die einer Femme fatale – mit Gesangs- und Tanzeinlage. Ich rüstete den Helden meist erotisch ein bißchen auf, damit er dann wieder zu seiner edlen, blonden Heldin zurückkehren konnte. Ich trug die Haare damals rot.

In »Nacht ohne Abschied« war ich nichts weiter als Tänzerin und steppte im Frack nach der Musik von Werner Eisbrenner. Als ich den Film sah, war ich zum ersten Mal mit mir ausgesöhnt. Ich fand mich ganz attraktiv – hochgewachsen, voller Schwung, direkt mit einem erotischen Tick ausgestattet. Film schien meiner Seele gut zu tun. Und meinem Selbstvertrauen.

Eines Abends rauschte ich mit meiner Freundin Lisa Jasinsky in die *Ciro-Bar*, einen jener Treffpunkte, in denen man gleichgesinnte Seelen traf. Mit Lisa war ich seit meiner Kindheit befreundet. Sie war schon immer bildschön gewesen, und es war klar, daß sie später einfach ein Beauty-Girl in den *Scala*-Revuen werden mußte. Lisa hatte übrigens noch eine enge Freundin, die ich erst Jahrzehnte später kennenlernte: Lilo Tessmer-Osten, die als Kind im Stummfilm vor der Kamera gestanden hatte, ihren Beruf aber später durch langjährige Krankheit aufgeben mußte, sich auf das Künstlermanagement warf und mir in den siebziger Jahren tatkräftig bei meinem Comeback behilflich sein sollte.

Damals kannte ich Lilo nicht, aber ich hörte oft Geschichten über sie. Ich bat Lisa, uns doch bekannt zu machen, aber es kam nie dazu. Wie Lilo mir Jahrzehnte später gestand, hatte sie sich geweigert, mich kennenzulernen.

»Ich empfand dich als hochnäsig und unbegabt, nichts weiter als die Tochter eines berühmten Vaters«, erklärte sie mir später ganz offen.

Ich rauschte also mit Lisa in die *Ciro-Bar*, wo sie jede Menge von vertrauten Gesichtern sah. Vor allem männliche. Gegen Lisas Aussehen und Auftreten konnte ich nun wirklich nicht an. Plötzlich stürmte Lisa auf einen Menschen zu, umarmte ihn, schmatzte ihm ein Busserl auf die Wange und schien besonders glücklich, diesen Schlaks getroffen zu haben.

»Wer ist denn das?« fragte ich mit gedämpfter Stimme in ihre Wiedersehensfreude hinein.

»Na, der Jary«, meinte sie ganz selbstverständlich. »Michael Jary, der Filmkomponist.«

Aha, dachte ich. So sieht der also aus. Wir wurden einander vorgestellt, begrüßten uns, und er lächelte mich ein bißchen scheel an und raunzte: »Wieder so eine Sängerin, Lisa?«

»Was heißt hier Sängerin?« fauchte ich zurück. »Ich bin Tänzerin.«

Wir motzten uns noch ein wenig an, leerten unsere Gläser, fanden uns aber eigentlich ganz sympathisch. Und da die Stimmung die beste war, lud ich die Mannschaft zu mir nach Hause in die Giesebrechtstraße.

»Ist es nicht schon etwas spät, um ihren Eltern die Aufwartung zu machen?« wandte Jary ein.

»Spät?« konterte ich. »Bei uns gehen die Uhren anders. Entweder ist mein Herr Papa in Hochform oder die Familie hat sich schon zurückgezogen.«

Sie hatte. Nichtsdestotrotz befahl ich, den Teppich in der Bibliothek aufzurollen, legte mein Berufsrüstzeug an, die Stepschuhe mit Stahlspitzen, klappte den Klavierdeckel hoch, zitierte Jary ans Klavier und bat um »Alexander's Ragtime

Band«. Jary legte los, ich legte los, fegte durch die Bibliothek, durchs Eßzimmer und – stieß fast meinen Vater um, der plötzlich im Zimmer stand, aufgescheucht durch das musikalisch-tänzerische Nachtgeheul, das aus seinem Arbeitszimmer kam.

Ganz ruhig stand er da – im Schlafrock und mit Hausschuhen, die Teekanne in der Hand – und meinte in seinem rheinisch-berlinischen Tonfall trocken zu Jary: »Jefällt Ihnen meine Herberje?«

So isser eben – mein Herr Papa, dachte ich, wagte aber nicht, es auszusprechen.

Nun setzte sich Papa zu Jary und eins, zwei, drei waren Lisa und ich (vorerst) abgemeldet. Die Herren fachsimpelten, wir hörten zu.

Michael Jary war damals der Wunderknabe der Unterhaltungsmusik. 1906 in Laurahütte bei Kattowitz als Maximilian Michael Andreas Jarczyk geboren, auf einer Jesuitenschule erzogen, hatte er nach dem Musikstudium in Berlin bereits Filmmusiken für »Lauter Lügen« mit Heinz Rühmann, für »Zwei Welten« mit Gustaf Gründgens und andere geschrieben. »Roter Mohn«, gesungen von der chilenischen Nachtigall Rosita Serrano, war ein absoluter Tophit. Wie auch »Waldemar« für Zarah Leander, »Das kann doch einen Seemann nicht erschüttern« und viele andere Schlager. Und sein großes Herz für die Damenwelt war ebenfalls bekannt ...

Mein Vater jedenfalls warnte mich nicht vor diesem Burschen – er warnte vielmehr Jary vor mir, erklärte auch ihm, daß seine Tochter absolut untalentiert sei, als Steptänzerin eine Zumutung und so weiter und so weiter.

Jary hörte sich das alles schmunzelnd und kopfnickend an, stimmte meinem Herrn Papa höflich zu, doch schließlich erklärte er mir, daß er da so eine Idee habe: Er und ich – das könnte ein gutes musikalisches Team werden.

Er und ich?

Ich konnte es kaum fassen, war aber sofort begeistert,

stürzte mich voller Freude in die Arbeit mit Jary. Und daß ich so ganz nebenbei auch mein Herz wieder einmal verlor, versteht sich fast von selbst. Bei Musikern – besonders jenen am Klavier mit dem gewissen Swing – wurde ich wohl lebenslang schwach.

Jary und ich orientierten uns an Ella Fitzgerald. Da war der Sound, der uns in Fahrt brachte und begeisterte. Jary schenkte mir einige meiner schönsten Lieder. Lieder, die auch heute noch zu meinen Solo-Programmen gehören, die ich immer und immer wieder singe. Auch wenn sie mir manchmal zum Halse raushängen, konnte ich mich den ewigen Zugabebitten um diese Evergreens doch nicht versagen.

»Liebe ist nur Zauberei«, »Weißt du noch, Liebling?«, »Haben Sie schon mal im Dunkeln geküßt?«, »Das Karussel, das dreht sich immer rundherum« – alle diese Schlager wurden zu Riesenerfolgen. Und dann kam schließlich »Sing Nachtigall, sing«, jenes Lied, mit dem ich bis heute immer wieder in einem Atemzug genannt werde, von dem bis heute mehr als sechs Millionen Schallplatten erschienen sind. Der Text ist von Bruno Balz, einem der besten Liedertexter, und die Wehmutswelle, die dieses Lied ausstrahlte, erfaßte das ganze Land – war nur noch mit Lale Andersens »Lilli Marleen« zu vergleichen.

Ob das Lied nun Kitsch oder Kunst war – das konnte ich schon damals nicht beurteilen und kann es heute noch nicht. Es wurde gesungen und gesummt, immer und immer wieder im Rundfunk gespielt, die Soldatensender verlangten es noch und nöcher, und ich wurde zur »Soldatensirene«, zum »Landsertraum«, ohne es richtig mitzubekommen.

»Sing Nachtigall, sing
ein Lied aus alten Zeiten.
Sing Nachtigall, sing,
rühr mein müdes Herz ...«

Ich rührte. Ohne es gewußt, ohne es berechnet, ohne auch nur im leisesten daran gedacht zu haben, welche Popularität mir dieses Lied einbringen würde. Ich habe es ja kaum gesungen, es kam mir eher wie ein etwas heiser-melodiöses Gestammel vor, was ich da vorgetragen hatte, aber ich mußte in den Phantasien der männlichen Zuhörer so manchen Nerv getroffen haben.

Wolfgang Kieling, der so früh gestorbene großartige Schauspieler, der zwei oder drei Jahrzehnte später häufig bei mir Gast war, versuchte einmal, mir die Wirkung meines Vortrags zu erklären: »Weißt du«, sagte er. »Wenn du im großen Saal vor uns Soldaten aufgetreten bist, speziell mit der ›Nachtigall‹, dann platzten uns einfach die Hosenknöpfe. Du warst unglaublich erotisch.«

»Sing Nachtigall, sing« ist zwar nicht für mich geschrieben worden, aber es wurde mein Lied. Zuvor war es schon in dem Film »Auf Wiedersehen, Franziska« zu hören gewesen – ohne nennenswerte Reaktionen. Um damals eine neue Schallplatte kaufen zu können, mußte man zwei alte Schellackplatten abgeben, und um sechs Millionen Platten zu verkaufen, mußten ungefähr achtzehn Millionen im Umlauf sein. Ich bekam für die Aufnahme 150 Reichsmark, wofür man sich damals vielleicht zwei hübsche Kleider im Warenhaus kaufen konnte. Da kann man sich vorstellen, wie sehr ich dieses Lied liebe...

Doch egal. Es machte aus der Steptänzerin Evelyn Künneke endgültig die Sängerin Evelyn Künneke.

Erst später begriff ich, wie sehr dieses Land damals Landserträume beflügelt hat – Träume von einer anderen Zeit, einer anderen Welt, einem anderen Leben. In einer Erzählung des so jung gestorbenen Dichters Wolfgang Borchert, der mit seinem Stück »Draußen vor der Tür« zur Stimme seiner Generation geworden ist, las ich folgende Sätze: »Sing, Evelyn, sing, wenn die tausend Kompanien durch die Nächte marschieren, dann sing, wenn die Kanonen die Äcker pflügen und düngen mit Blut. Sing, Evelyn, sing, wenn die Wände die Uhren und Bilder verlieren, dann sing mich in schnapsgrünen Rausch und deinen süßen Weltuntergang. Sing, Evelyn, sing mich in dein Mädchendasein hinein, daß mir heiß wird, wieder heiß wird vom Leben. Sing, Evelyn!«

Ich war betroffen und beschämt. Diese Zeilen rührten und wühlten mich weit mehr auf als alles, was ich im Zusammenhang mit diesem Lied erfahren hatte. Ich wußte, wie mir ein Soldat geschrieben hatte, daß man ihm – ohne Narkose – ein Bein amputiert hatte, und er darum gebeten hatte, daß während der Operation die »Nachtigall« gespielt wurde. Wenn es das Lied nur dafür gegeben hätte – dann hat es seinen Zweck erfüllt.

*

Abgesehen von einem Auftritt in dem Musikfilm »Karneval der Liebe«, in dem Johannes Heesters die Hauptrolle spielte, und dessen Dreharbeiten in Budapest stattfanden, reiste ich von einem Soldatensender zum nächsten. Mit einer sogenannten Sondergenehmigung D ausgerüstet, die nichts mehr mit der sonst üblichen Künstlerlandverschickung durch das Propagandaministerium zu tun hatte, kam ich in immer kälter und eisiger werdende Gegenden. Für die Soldaten, vor denen ich auftrat, war ich ein Fabelwesen; eine Wunderkerze, die da plötzlich tatsächlich vor ihren Augen aufleuchtete. Und der makabre Witz war, daß meine Popularität bei den Soldaten offensichtlich darin bestand, daß ich nicht ihr ansonsten verordneter deutscher Mädchentraum war. Ich war der für sie verbotene Traum – etwas dekadent und morbide wirkend, verrucht und völlig verswingt. Ich war eine Großstadtpflanze, keine Unschuld vom Lande, schon gar nicht die deutsche Jungmädchen-Ausgabe. Ich rauchte, hatte nichts gegen einen kräftigen Schluck aus der Flasche einzuwenden, war offen, kumpelhaft und konnte auch einen etwas derberen Spaß ganz gut verkraften.

Und der Aberwitz war, daß die Soldaten nach den Swingnummern gierten, nicht nach dem deutschen Heidekraut und der sattsam bekannten Erika. Das Propagandaministerium mußte schließlich zähneknirschend zur Kenntnis nehmen, daß ich den Swing-Bazillus an die Ostfront trug. Und dafür auch noch bejubelt wurde.

Die Erinnerung an diese Zeit löst bei mir Schmerz und Wut aus. Schmerz über das, was ich erlebt habe, was ich gesehen habe in den Augen dieser Männer, von denen viele kaum älter waren als ich. Sie wußten, wo sie waren und sie wußten, warum sie dort waren, vor allem aber wußten sie, was sie erwartete und was auf sie zukommen konnte. Und ich war da, um sie abzulenken, ein wenig aufzumöbeln, ihnen eine Vorstellung von einem anderen Leben zu geben. Vielleicht zum letzten Mal. Es war eine Aufgabe, die oft über meine Kraft ging. Ich saß dann heulend irgendwo in der Ecke und konnte diese Gesichter nicht mehr sehen, die mich fragend und sehnsüchtig anstarrten. Viele Kolleginnen, die damals die gleichen Tourneen machten, haben mir das immer wieder bestätigt. Brigitte Mira zum Beispiel, mit der ich an vielen, allerdings wesentlich harmloser wirkenden »Kraft-durch-Freude«-Veranstaltungen teilnahm, sagte mir: »Mein Gott, Evchen, wenn ich diese jungen Bengels sehe und daran denke, daß sie morgen früh irgendwohin geflogen werden und vielleicht nie mehr zurückkommen, dann habe ich einfach einen Kloß im Hals.«

So oder so ähnlich erging es auch mir. Aber ich mußte ja lächeln, singen, tanzen, Freude verströmen. Irgendwo in der Nähe von Warschau besuchte ich eines Tages eine sogenannte Spezialeinheit der Wehrmacht, eine bessere Baracke, die nach Schweiß, Zigarettenqualm und Fusel stank. Spezialeinheit – das hieß eher Sondereinsatz, man konnte es auch Todeskommando nennen. Die Jungen wußten, daß es irgendwann demnächst hinausgehen würde und daß es nicht sicher war, wer von ihnen zurückkommen würde. Irgendwo neben dem Eisenofen stand ein Klavier, das kaum noch einen unverstimmten Ton hergab. Und ich stand da, sollte singen und der Pianist richtete sich ein.

Dann kamen die ersten Zurufe. Was Englisches wollten die Jungs hören, etwas mit mehr Pep, bitteschön.

Der Pianist sah mich fragend an, zauderte.

»Tun Sie's schon«, zischte ich, und er legte los. Alles, was verboten war, kam heraus an diesem Abend in dieser Baracke, und irgendwann vergaß ich sogar, wo ich war. Ich wurde angeheizt von dem Verlangen der Männer, die im Rhythmus klatschten, ich kümmerte mich keinen Deut mehr um deutsches Kulturgut oder wie das genannt wurde, was erlaubt war, sondern zeigte, was ich bei Ella Fitzgerald und Eleanor Powell gelernt hatte.

Es würgte mich zwar in der Kehle, und ich versuchte, meine Gedanken zu verdrängen, aber konnte es kaum. Es war ein irrsinniger Tanz auf dem Vulkan, und die Männer klatschten sich die Hände wund und ich krähte mir die Seele aus dem Hals. Ich weiß nicht, was aus ihnen geworden ist. Wie ich es von vielen anderen auch nicht weiß. Aber nie werde ich diese Gesichter vergessen, in denen plötzlich Freude und Leben auftauchten, die völlig gelöst dasaßen, mir zusahen und zuhörten und völlig vergaßen, daß draußen vor der Tür die Hölle auf sie wartete.

Habe ich mich mitschuldig gemacht, weil ich dabei war? Weil ich für Ablenkung gesorgt habe und die Soldaten aufgeheizt habe? Ich habe mich das später oft gefragt, aber keine Antwort gefunden. Hätte ich den Kopf einige Jahre in den Sand stecken, mich in der Wohnung meiner Eltern verkriechen sollen, statt vor Frontsoldaten meine Lieder zu singen und meinen Step und Pep vorzutragen?

Zahlreiche Bunker der deutschen Wehrmacht trugen meinen Namen, später bekam ich für meine Frontauftritte sogar einen Orden – eine höchst zweifelhafte Auszeichnung, wie ich empfinde. Trotzdem habe ich das Gefühl – bei aller Skepsis –, daß ich das Richtige getan hatte. Ich habe einigen Männern, die kaum etwas zu lachen hatten, etwas Freude bereitet – in einer Zeit, die alles andere als freudvoll war.

*

Freudvoll waren auch für mich diese Zeiten nicht, obwohl ich versuchte, das Beste aus ihnen zu machen. »Karneval der Liebe« hieß der Film, den ich 1942 drehte und aus dem mein Steptanz herausgeschnitten wurde, weil er eben so ganz und gar undeutsch in den Augen der Mächtigen war. Ich trug es mit Fassung. Nach 1945, als der Film zum Neueinsatz kam, wurde meine Szene wieder hineingeschnitten, und so gibt es heute zwei Fassungen, eine mit mir und eine ohne mich. Ist Glücksache, welche man sieht, wenn der Film heute im Fernsehen läuft ...

Und die Liebe? Die blieb ebenso ambivalent wie das ganze Lebensgefühl überhaupt. Ich war unglücklich in Michael Jary verschossen, der mich zwar fleißig mit Liedern beschenkte, dessen Liebesbezeugungen ansonsten aber rar bemessen blieben. Es ging hin und her mit unseren Gefühlswellen. Ich war unglücklicher verliebt als je zuvor. Das bekam zwar meinem stimmlichen Ausdruck – Wehmut und Melancholie machen sich bei Liebesliedern immer gut –, aber für meine Persönlichkeit waren diese Gefühlsrationen eben schädlich.

Unerwiderte Liebe und eine ständig belegte Stimme, ein lädiertes Seelenkostüm und eine ewige Trauer: Wenn ich vor die Soldaten trat – war meine »Nachtigall« alles andere als ein Kampflied, hörte sich oft eher wie ein Aufruf zur Kapitulation an.

Wie eng unsere Beziehung auch immer war, sie hat Michael Jary nicht davon abgehalten, auch bei anderen Damen zu naschen. So nach und nach erfuhr ich, daß ich nicht die einzige in seinem Leben war. Es kam mitunter zwischen uns zu dramatischen Auftritten, die es sicherlich auch bei anderen Liebesleuten gibt. Und schließlich glaubte ich herausgefunden zu haben, was Michael Jary zu immer neuer Untreue veranlaßte – meine Nase.

»Sieben Nasen habe ich getragen,
sie zierten meine Vergangenheit,
sieben Nasen nacheinander,
aber immer nur eine zur Zeit«.

So heißt das Lied, mit dem ich mich in den siebziger Jahren über mich und meine Nasenoperationen lustig machte. Aber damals war mir gar nicht komisch zumute. Ich nahm die Angelegenheit todernst. Ich war felsenfest davon überzeugt, daß mein »Alter Fritz«, den ich mitten im Gesicht trug, und den ich schon immer als viel zu groß empfunden hatte, Schuld an Jarys Untreue war. Daß es aber nur und ausschließlich Jarys großer Appetit auf hübsche Mädchen war – das leuchtete mir absolut nicht ein.

Also kam es zu meinen berüchtigten sieben Nasenoperationen. Elf Jahre dauerte das Theater mit meinen Nasen. Ganz schön bekloppt, kann man sagen. Ich stimme da zu. Aber Jary ließ sich überhaupt nicht erschüttern. Elf Jahre lang ging dieses Nasentheater hin und her. Wie in einer schlechten Komödie, denn so lange waren wir – mit Unterbrechungen, schon allein wegen der Operationen – zusammen. Bis 1953, dann sagten wir uns mit der damaligen Schallplattenproduktion von »Winke-Winke« endgültig adieu.

In diesen elf Jahren hatte die halbe Welt in Flammen gestanden, hatte Deutschland den Krieg verloren und war gerade dabei, sich wirtschafts-wunderlich aufzurappeln. Ich erlebte in der Verbindung mit Jary die schönsten, aber auch die schwersten Jahre meines Lebens. Später hat er sein Glück in der Ehe mit seiner Frau Christiane und in seiner Tochter Michaela gefunden. Wir haben uns danach nur selten wiedergesehen, aber der Kontakt blieb freundschaftlich – bis zu seinem Tod im Jahre 1988.

Doch in den vierziger Jahren reagierte ich stürmisch auf meine Gefühle für ihn. Wenn ich unterwegs war, irgendwo auftreten mußte, war alles in Ordnung, aber so bald ich in seiner Nähe war, in der selben Stadt wie er, knallten bei mir alle Sicherungen durch.

Schließlich wurde ich während des Krieges zum Soldatensender Belgrad geschickt. Der Sender war vor allem durch sein Lied »Lili Marleen« berühmt. Er strahlte damals ein 24stündiges Programm aus. Der Höhepunkt waren jeden Abend kurz vor zehn Uhr die sogenannten »drei Minuten der Besinnung«, wenn das Lied von »Lili Marleen« gespielt wurde, die unter der Laterne steht und auf ihren Liebsten wartet, während sich die späten Nebel drehten.

Auch andere Soldatensender spielten das Lied. »Lili Marleen« avancierte zum Lied der Lieder an allen Fronten. Die aus Deutschland emigrierte Berliner Schauspielerin Lucie Mannheim nahm eine englische Version des Liedes auf, ebenfalls Vera Lynn und in Amerika natürlich Marlene Dietrich, neben Lale Andersen die berühmteste Interpretin dieser Liebesweise. Das Propagandaministerium verbot schließlich die Ausstrahlung der deutschen Fassung. Doch man hatte nicht mit den Soldaten gerechnet. Es hagelte Proteste. Ohne »Lili Marleen« wollte der deutsche Landser den Tag nicht beschließen – wenn er dazu überhaupt Gelegenheit hatte.

Zusammen mit dem Wiener Kabarettisten Peter Wehle und dem Komponisten Friedrich Meyer machte ich mich an die Arbeit. Gemeinsam versuchten wir uns an einer englischen Fassung, und ich rekonstruierte einen englischen Text, »Lady of the Lamplight«, aus meinem Gedächtnis. »Warum singt denn Lale Anderson nicht auch die englische Fassung?« fragte ich die Leute vom Sender.

»Das geht im Moment nicht. Sie ist verhaftet worden«, wurde mir erklärt, etwas erstaunt, denn die Herren wollten kaum glauben, daß ich das nicht wußte. Mir war das unerklärlich – Lale Andersen, die »Lili Marleen« zu einem Hit gemacht hatte, war verhaftet worden? So lag es nun an mir, meine englische Textfassung auch zu singen.

Damit war die Soldatenbraut Lili Marleen wieder in Amt und Würden zurückgekehrt. Der Erfolg ermutigte die Leute vom Sender Belgrad schließlich, auch wieder das deutsche Original zu spielen. Auf Anfrage von oben, redeten sie sich damit heraus, sie hätten die Platten verwechselt. Und die Post – und damit die Beschwerden – brauchte bereits ihre Zeit, um von Berlin nach Belgrad zu gelangen.

1978 nahm ich »Lili Marleen« noch einmal in einem Hamburger Studio für eine neue Langspielplatte auf. Jetzt aber dreisprachig – englisch, französisch und deutsch. Anstelle des deutschen Zapfenstreichs ertönte nun das Trompetensolo aus dem amerikanischen Leinwandklassiker »Verdammt in alle Ewigkeit«.

Drei Monate arbeitete ich beim Soldatensender Belgrad. Dann kehrte ich nach Berlin zurück. 24 Stunden nach meiner Rückkehr wurde ich in der Wohnung meiner Eltern von der Gestapo verhaftet – am 23. November 1944.

Als Grund wurde Wehrkraftzersetzung genannt. Mir wurde eine Aussage vorgehalten, die ich anläßlich einer Tournee in Holland vor Soldaten einer Schnellboot-Patrouille gemacht haben sollte: »Wenn Ihr noch länger kämpft, werden die Russen bald ganz Deutschland überrollen.«

Es hatte lange gedauert, bis ich verhaftet wurde. Von Holland war ich nach Belgrad gefahren, hatte dort drei Monate gearbeitet, jetzt war ich zurück und – schwupp – hatten sie mich. Einer der Beamten, Wolfgang Genge, hat nach meiner Verhaftung die Menschen informiert, denen ich mein Leben zu verdanken habe: Peter Schaeffers, Sohn von Willi Schaeffers, und Konrad Buchholz, SS-Hauptsturmführer und Chef der deutschen Kampfsender Europa.

Aber erst einmal saß ich fest und wurde verhört. Schließlich ging es nicht mehr nur um Wehrkraftzersetzung, sondern auch um Spionage, die man mir vorwarf. Ich wußte größtenteils nicht, wovon eigentlich gesprochen wurde. Schließlich landete ich im Untersuchungsgefängnis an der Oranienburger Straße. Von dort wurde ich von einem Knast in den nächsten verlegt, offensichtlich waren alle Gefängnisse überfüllt. Ich war mit ungefähr fünfunddreißig Frauen in einer Zelle. morgens gab es eine Scheibe Brot, mittags Suppe, abends wieder Brot. Die Wanzen waren Zugabe.

Am 28. Januar 1945 wurde ich vor ein Schnellgericht gestellt. Androhung der Todesstrafe, Abtransport nach Tegel. Einzelzelle.

Am Tag ihrer Silbernen Hochzeit durften mich meine Eltern besuchen. Ich bemühte mich, mir nichts anmerken zu lassen, versuchte, sie zu beruhigen, schauspielerte so gut ich konnte. Heute gehe ich davon aus, daß meine Eltern genau wußten, was mich erwartete und die gleiche Willenskraft aufbrachten, um mich zu beruhigen.

Dann standen plötzlich zwei schwarzgekleidete Männer in meiner Zelle.

»SS-Standarte Kurt Eggers«, stellten sie sich vor. »Kommen Sie bitte mit«, hieß es.

»Aha«, dachte ich. »Das ist es also.«

Ich folgte ihnen, folgte ihnen ins Freie, aus dem Gefängnis hinaus, hinein in ein Auto, das vor dem Tor geparkt war.

»Wohin fahren wir?« wollte ich wissen, bekam aber keine Antwort.

Kaiserdamm, Kantstraße, Kurfürstendamm. Halt. Aussteigen. Hinein in einen Hauseingang. Klingeln an einer Wohnungstür. Auf dem Namensschild an der Tür stand »Konrad Buchholz«.

Konrad Buchholz war Chef der deutschen Kampfsender Europa. Peter Schaeffers, der von meiner Verhaftung unterrichtet worden war, hatte sich sofort an ihn um Hilfe gewandt. Und Buchholz hatte sich einen genialen Plan ausgedacht, um mich freizubekommen: Er ließ mich verlegen.

Es war kurz vor Kriegsende, der Plattennachschub war so gut wie abgebrochen. Aber man wollte für die Sender aktuelle amerikanische Tanzmusik, um dazwischen umso besser jede Menge Propaganda einzustreuen. Man konnte sich aber in diesen bewegten Zeiten nur darauf beschränken, die Originale so gut wie möglich zu kopieren. Dafür, hatte sich Konrad Buchholz ausgedacht, würde er mich brauchen.

Es gab ein Spezialorchester, das für diesen Zweck in einem Bunker der Masurenallee arbeitete. Musiker aus Italien, Belgien und der Tschechoslowakei: Juden und Halbjuden, Zigeuner, Kommunisten, Homosexuelle – alles Musiker, die sich sonst nicht gerade im Wohlwollen der Machthaber sonnten. Jetzt aber war ihre Arbeit kriegswichtig, so daß sie nun, statt hinter Stacheldraht zu vegetieren, plötzlich vor ihren Notenpulten saßen und den verbotenen Swing spielen mußten. Mußten!

In diese Mannschaft wurde ich also aufgenommen. Peter Schaeffers hatte Konrad Buchholz wissen lassen, daß ich in der Lage sei, akzentfrei Ella Fitzgerald zu kopieren. Der Kampfsender wollte Ella Fitzgerald – also wurde Evelyn Künneke aus ihrer Zelle ins Studio verlegt. Buchholz hatte persönlich die Verantwortung für mich übernommen, und es war selbstverständlich, daß ich nach meinem Gastspiel in meine Zelle zurückverlegt werden sollte.

Konrad Buchholz hat damals verschiedenen Künstlern

aus prekären Situationen herausgeholfen. Werner Finck zum Beispiel, auch Lale Andersen.

Ich nahm also Ella Fitzgeralds Song »My Guys Come Back« auf – endlos und ewig. Denn Buchholz wollte für mich Zeit gewinnen. Nicht einfach – schnell-schnell – die Platte machen, sondern mein Überleben sichern. Also wurde alles kompliziert, erfand er ständig neue Ausreden, weshalb die Plattenaufnahme so lange dauerte. Außerdem gab er eine Nachricht an den britischen Kampfsender über meine Verhaftung weiter. »Evelyn Künneke, die Nachtigall vom Kurfürstendamm, von der Gestapo verhaftet«, tönte es da über die Ätherwellen. Damit war es nun gar nicht mehr so leicht, mich einfach verschwinden zu lassen.

Trotzdem war die Gefahr nicht gebannt, war ich keineswegs in Sicherheit. Das merkte Buchholz an dem Tag, als offiziell nach mir gefragt wurde. Ich sollte zurück nach Tegel. Buchholz entschloß sich zur Flucht nach vorn und wagte eine äußerst gefährliche Lüge. Er behauptete, er habe mich zu einem Kampfsender nach Italien geschickt. In Wirklichkeit aber hielt ich mich in Berlin auf, an einem sehr sicheren Ort – in der Wohnung von Buchholz, mitten auf dem Kurfürstendamm.

Diese Wohnung habe ich erst drei oder vier Tage vor Kriegsende verlassen. Auf schwankenden Beinen. Die Ella-Fitzgerald-Kopie war nie aufgenommen worden, aber ich war gerettet.

1946 habe ich Konrad Buchholz wiedergetroffen, der unter falschem Namen in Hamburg lebte. Er war bereits schwerkrank, hatte Leberzirrhose und wußte, daß er nicht mehr lange zu leben hatte. Freunde besorgten ihm die besten Lebensmittel, die er aber mir zusteckte:

»Ich kann das gar nicht mehr essen. Ich kriege nichts mehr runter«, sagte er. Für mich war er ein stiller Held, einer, der zwar die Kampfsender geführt hatte, aber die Nationalsozialisten genauso verachtet hatte wie andere, die in den Widerstand gegangen waren oder emigrieren mußten. Ich bin keine Widerstandskämpferin gewesen. Ich war zwar auch gegen die Nationalsozialisten, aber ich habe immer nur gesungen. Und manchmal den Mund zu voll genommen.

Gleich danach erkrankte ich an Leukämie. Meine Schläfen wurden schlohweiß. Mein Vater verkaufte alles, was nicht niet- und nagelfest war, um für mich Steakfleisch zu bekommen und mich wieder hochzupäppeln.

Das Kriegsende – oder die Befreiung – erlebte ich in einem Luftschutzbunker, nicht weit vom Hause meiner Eltern entfernt. Dann war es endgültig überstanden, aber jetzt gab es neue Fragezeichen. Die Russen standen vor der Haustür, die Frauen hatten Angst vor Vergewaltigung, versteckten sich, wagten sich kaum noch auf die Straße.

Eines Tages stand ein bildhübscher russischer Offizier vor dem Haus, in dem wir wohnten. Er suchte offenbar eine Bleibe und schien entschlossen, sich und seine Männer in der Giesebrechtstraße einzuquartieren. Meine Mutter klärte die Sache, zusammen mit einer im Haus lebenden Weißrussin.

Von diesem Moment an stand Tag und Nacht ein russischer Posten vor unserem Haus. Plünderungen und Vergewaltigungen fanden nicht statt. Statt dessen verguckte ich mich ein bißchen in den schönen Russen. Lieber einen sauberen und netten russischen Oberst an meiner Seite, dachte ich mir, als das, was ich mir in meinen Ängsten ausmalte ...

Mit Anita, der Weißrussin, ging ich regelmäßig in die Schule an der Bleibtreustraße, wo viele Sowjetsoldaten einquartiert waren. Ich sang dort russische Volkslieder, erhielt als Gage zwei Eimer Borschtsch und Kommissbrot, womit wir zu Hause unsere hungrigen Mäuler stopften.

Die Stadt war ein Trümmerhaufen. Man sah kaum noch wie eine Straße verlief, wo sie anfing oder aufhörte. Den Kampf um Berlin haben wir nicht gesehen, nur gehört, zwölf

Tage lang, von Straßenecke zu Straßenecke, von Häuserblock zu Häuserblock. Jetzt sind sie dort, jetzt sind sie dort, hieß es immer wieder. Andere Arten der Informationen gab es nicht.

Dann tauchte so langsam der eine oder andere lang vermißte Freund und Bekannte wieder auf. Michael Jary war plötzlich wieder da, auf einem geklauten russischen Dienstfahrrad kam er in die Giesebrechtstraße geradelt, in seiner Tasche einen Rundfunkausweis mit sowjetischem Stempel. »Jetzt gehts wieder los«, frohlockte er. »Wir machen Musik!«

Auch Baron Vida war wieder zurück, mein Kalfaktorkamerad aus dem Gefängnis, inzwischen Sendeleiter des Berliner Rundfunks in der Masurenallee. Er sollte ein Tanzorchester zusammenstellen. Ich schlug ihm die Internationale des Kampforchesters vor, alle die, die bei der Nicht-Einspielung des Ella-Fitzgerald-Hits mitgemacht hatten. Kapellmeister dieser Band wurde Michael Jary. Und ich sang wieder – knapp neunzehn Tage nach Kriegsende.

Die Russen hatten es eilig mit der Kultur. Willi Schaeffers hatte sein Kabarett der Komiker im ersten Stock des *Café Leon* am Kurfürstendamm wieder eröffnet. Viktor de Kowa eröffnete die *Tribüne,* Boleslaw Barlog das Steglitzer *Schloßparktheater*. Überall gab es Konzerte, Lesungen, die ersten Filme in den Clubs der Allierten.

Wenn ich mir aber den Anblick Berlins in Erinnerung rufe, damals im Sommer 1945, dann staune ich noch heute, daß die Stadt sich inzwischen so aufgerappelt hat ...

Trümmer, nischt als Trümmer. Wohin man auch sah. Es schien keine Straßen mehr zu geben, die Bäume im Tiergarten wurden im Winter heimlich, still und leise abgeholzt, weil es bitterkalt wurde. Es gab kaum ausreichend Medikamente für Kranke, von Nahrung gar nicht zu sprechen. Man organisierte, sofern man dazu in der Lage war und etwas hatte, mit dem man auf dem Schwarzmarkt handeln konnte. Oder man ging über die Dörfer hamstern.

Jeder Berliner schien damals mit einem geschnürten Bündel in der Hand oder auf dem Rücken herumzulaufen – je nach Schwere des Inhalts. Von Groß- oder Hauptstadt sah man Berlin nichts mehr an. Es war ein Stück Niemandsland, das entfernt an eine Stadt erinnerte; ein Ort der Zerstörung, des Leids, der Tränen, der Angst. Schön – wir Deutschen hatten es uns selbst eingebrockt. Wir hatten einen Weltkrieg entfesselt und hatten jetzt die Quittung bekommen. Es war schon ein Wunder, daß man überhaupt noch lebte und den Willen zum Weiterleben aufbrachte.

Verbrannte Erde ringsum. Verbrannt auch fast jedes Gefühl. Apathisch wirkten die Menschen, wie in Trance. Wie Zombies, würde man heute vielleicht sagen, auferstandene Tote. So ähnlich war es ja auch. Wir kamen aus Ruinen und Trümmern hervorgekrochen.

Diese Stunde Null erhielt zwei Namen. Die einen nannten sie Zusammenbruch, die anderen Befreiung. Beides war richtig. Es war der Zusammenbruch eines unmenschlichen Systems, das endgültige Ende eines Völkermordes, eines Krieges, der aus Wahnsinn und Verblendung angezettelt worden war. Und es war die Befreiung von all den Schrecken, die hinter uns lagen und von denen viele Deutsche ja angeblich bis heute nichts mitbekommen haben.

Doch Berlin rappelte sich schneller hoch, als wohl mancher erwartet hatte. Plötzlich bewegten sich die Menschen wieder schneller, hatten sie wieder Ziele, zu denen sie eilten – auch ohne öffentliche Verkehrsmittel, die es noch nicht wieder gab, auch ohne einen Pfennig in der Tasche. Die Berliner begannen aufzuräumen. Jedenfalls mit dem Schutt, der sie umgab. Bei vielem anderen hingegen wurde das Aufräumen vergessen. Aber diese Versäumnisse fielen den meisten erst sehr viel später auf. Und manche dieser Versäumnisse platzten Jahre oder sogar Jahrzehnte später auf – wie Eitergeschwüre.

*

Trotzdem war es eine bunte, verrückte, wirbelige Zeit. So oder so ähnlich mußte es in den zwanziger Jahren gewesen sein, von denen die Älteren uns Jüngeren immer noch vorsäuselten. Ich hatte die Zeit nicht direkt miterlebt, nur als Kind etwas vom Goldglanz geschnuppert. Aber jetzt war ich mitten drin in der neuen Zeit, von der niemand so genau wußte, wie sie aussehen würde.

So ähnlich muß es den Bewohnern der DDR ergangen sein, als ihre Welt plötzlich zusammenbrach, habe ich in den letzten Monaten oft gedacht. Die totale Konfusion, diese Mischung aus Angst und Freude, Neugier und Unwissenheit.

Den Fall der Mauer habe ich auf einer Fete zum fünfzigsten Geburtstag von Ulrich Schamoni erlebt. Mitten in der Partystimmung platzte plötzlich die Nachricht, daß die Mauer gefallen sei, daß die Menschen aus Ost-Berlin und aus der DDR nach West-Berlin oder in den Westen überhaupt strömten.

Wir konnten es alle kaum fassen, obwohl die Wochen zuvor ja schon so manches in diese Richtung gedeutet hatte. Ich hätte nie geglaubt, daß ich den Fall der Mauer noch erleben würde. Und jetzt strömten die Menschen plötzlich Richtung Breitscheidplatz in die Stadt, kam es zu Verbrüderungsszenen wildfremder Menschen, die sich auf den Straßen in die Arme fielen. Mitten im fröhlichen Gedränge stieß ich plötzlich auf Horst Jankowski, der ein ernstes Gesicht machte.

»Freuste dich nicht!« fragte ich ihn verdutzt.

»Doch, das schon«, meinte er nachdenklich. »Aber ich habe das Gefühl, daß noch so manche ungeahnte Schwierigkeit auf uns zukommen wird.«

Er sollte recht behalten …

So unvermutet, wie ich den Fall der Mauer erlebt habe, so unvorbereitet hatte mich auch der 13. August 1961 getroffen, als sie über Nacht errichtet wurde. Ich war auf dem Tennisplatz, als ich hörte, was vorging. Viele Bekannte und viele Kollegen haben damals Berlin verlassen, die meisten Künstler zog es nach München, aber ich blieb. Ich habe nie daran gedacht, Berlin zu verlassen. Weshalb auch? Ich hatte den Krieg in Berlin überstanden, die Nachkriegsjahre, was sollte mich da noch umhauen können? Nee, janz im Gegenteil.

Als in Berlin die Blockade begonnen hatte, war ich in Bad Schwalbach. Ich sang im Orchester von Willy Berking für den Hessischen Rundfunk und spielte in Frankfurt am Main im Little Theatre für die Amerikaner Theater – zwei Vorstellungen täglich, eine in deutsch, eine in englisch. Ich holte auch meine Eltern nach Bad Schwalbach, weil ich sie um mich haben und nicht allein in Berlin wissen wollte. Wir hatten damals Saar-Pässe bekommen, mit denen wir sehr frühzeitig ins Ausland reisen konnten. Damit konnten wir nach Frankreich und in die Schweiz fahren. Dort wurde ich auch zur Schmugglerbraut, wobei die Bezeichnung Braut doch ein bißchen übertrieben war. Ein Freund von mir handelte auf dem Schwarzmarkt mit Nähmaschinennadeln. Ich weiß nicht, wozu die gut waren oder weshalb die so hoch im Kurs standen, jedenfalls schien an ihnen erheblicher Mangel zu herrschen. Ich schmuggelte jede Menge Nähmaschinennadeln in meinem Blousonkleid über diverse Grenzen hin und her.

Nebenbei nahm ich mit Willy Berking den Hit »Barbara, komm mit nach Afrika« auf und viele Michael-Jary-Schlager wie »In Arizona und Arkansas«, »Das Lied von Carolina«, »Drei kleine Geschichten«. Es folgten Hits wie »Hab'n Se nich, hab'n Se nich 'nen Mann für mich?«, »Herr Kapellmeister, bitte einen Tango«, »Egon«, »Mäckie-Boogie«, »Ich mache mir 'nen Schlitz ins Kleid«, »Das gibt es nur in Texas«, »Allerdings sprach die Sphinx« und »Winke-Winke«.

Mit der »Sphinx« gab es prompt Ärger. Öffentliche Auftritte mit dem Lied wurden unterbunden, es gab Rundfunkstationen, die das Lied nicht spielten und mit der Plattenauslieferung lief auch nicht alles wie am Schnürchen. Und alles wegen ein paar Zeilen, in denen es hieß: »Allerdings sprach die Sphinx, rück das Dings mehr nach links, und mit einem Mal, da gings«. Natürlich gab es die Proteste nicht wegen »links«, sondern wegen »Dings«.

Eine Gerichtsverhandlung, die nicht ohne Gelächter abging, verbot die Weiterverbreitung. Was zur Folge hatte, daß sich die Platte selbständig machte und sich auf den dunkelsten Kanälen wunderbar und schnell weiterverbreitete. Prompt landete ich in den nächsten Jahren einen Hit nach dem anderen – die meisten von Michael Jary auf meine Tonlage gezaubert.

Später hatte auch meine Freundin Helen Vita etliche Probleme mit ihren Liedern, jenen frech-frivolen Chansons aus Frankreichs ach so galanten Jahren. Und Gisela aus Schwabing konnte davon auch ein Lied singen. Etwas Frechheit und Keßheit war in den fünfziger Jahren eben doch noch nicht angesagt, und wenn man sich erinnert, welchen Sturm der Entrüstung Willi Forst mit seinem Film »Die Sünderin« erlebte, weil Hildegard Knef ein paar Sekunden lang nackt ihre Körperformen zeigte, dann kann man heute nur noch den Kopf schütteln.

Obwohl ich empfindlich bin. Nicht erst heute, sondern auch früher. Ich bin nie prüde gewesen, aber ich mag es auch nicht, wenn Sex, Nacktheit oder sogenannte Freizügigkeit als reiner Selbstzweck benutzt werden, um einen Skandal zu provozieren oder weil man sich eine schnelle Mark davon verspricht.

Urkomisch war es erst vor einigen Wochen, als sich ein junger Mann bei mir meldete, der telefonisch anfragte, ob ich im *Cafe EinStein* in Berlin an einer Lesung pornographischer

Werke von berühmten Schriftstellern teilnehmen würde. Ich wäre in guter Gesellschaft sozusagen, meinte er, da viele andere bekannte Künstler auch schon zugesagt hätten.

»Na schön«, sagte ich. »Dann kommen Sie mal vorbei und wir besprechen die Angelegenheit.«

Hereinstolziert kam ein etwas merkwürdiger Jüngling, nicht jung, nicht alt, der mir umschweifig erklärte, daß ich mir doch aus den mitgebrachten sechs oder sieben Büchern, die er unter dem Arm hatte, etwas Geeignetes für meinen Vortrag heraussuchen möge.

»Junger Mann«, sagte ich. »Mein Vorschlag ist, daß Sie mir ein paar Seiten aussuchen, die ich dann an dem Abend vorlesen werde.«

Er schien meine Kooperationsbereitschaft zu bemängeln.

»Ich bin an dieser Art Literatur nämlich ganz und gar nicht interessiert«, setzte ich hinzu. »Ich bin aber durchaus in der Lage, jeden verlangten Text so vorzutragen, wie er gemeint ist. Das ist mein Beruf. Ich trage mehr oder weniger immer Texte anderer Leute vor – ob als Sängerin oder Schauspielerin, das ist egal. Deshalb muß ich mich mit diesen Texten aber nicht identifizieren.«

Dem Jüngling blieb die Luft weg. Er stammelte noch etwas weiter, fing an, mir die Bücher anzupreisen und mir die Titel unter die Nase zu halten.

»Jetzt passen Sie mal auf«, erklärte ich. »In meiner Generation haben wir Sex auch ohne literarische Anweisung gehabt. Es hat uns sogar Spaß gemacht. Wir haben weder Henry Miller dazu gebraucht noch Oswalt Kolle. Mich interessiert diese Art sogenannter Literatur überhaupt nicht, obwohl ich zugeben muß, das eine oder andere Buch durchaus gelesen zu haben. Aber letztendlich ist das für mich nichts anderes als eine Onaniervorlage – was in Zeiten von Aids ja vielleicht auch ganz gut und richtig ist.«

Der Jüngling schnappte nach Luft, stand auf und – weg war

er. So schnell ist, glaube ich, noch niemand aus meiner Wohnung verschwunden.
Damals jedenfalls, Ende der vierziger und Anfang der fünfziger Jahre, konnte es gar nicht genug Arbeit für mich geben. Ich filmte wieder und wurde jetzt auch nicht später herausgeschnitten – »Die Dritte von rechts«, »Verlorene Melodie«, »Das unmögliche Mädchen«, »Die große Starparade« und so weiter und so weiter. Ich trat im Rundfunk auf, gab Konzerte, spielte Theater, ging auf Tournee. Alles mit oder auch ohne Michael Jary. Zwischen Berlin, Hamburg, Frankfurt am Main und Saarbrücken.

Damals fuhr ich noch selbst Auto. Alle möglichen Fabrikate, Hauptsache, sie fuhren und mußten nicht andauernd repariert werden. Lieber kaufte ich mir einen neuen Wagen. Ich verstand natürlich auch nicht viel von der Technik, von Motor, Gebläse oder anderen Dingen, wußte nicht, was ein Wagen an Öl oder Wasser brauchte. Aber fahren konnte ich ganz gut.

Ich war eine gute Autofahrerin, aber ich war sicher eine gediegene Fahrerin. Keine Raserin und kein Straßenschreck. Aber ich weiß, daß ich grundsätzlich zum Beispiel Halte- oder Parkverbote nicht beachtete. Ich parkte immer genau dort, wo ich wollte. Also – zum Beispiel mitten vor dem Haupteingang des KaDeWe an der Tauentzienstraße in Berlin. Ich sah gar nicht ein, weshalb ich dort nicht parken sollte, wo doch genügend Platz für andere Autos, für Bus und Fußgänger war. Schön, der Straßenverkehr sah damals noch anders aus, aber verboten war es auch da schon. Kein Wunder, daß ich Strafmandate en gros erhielt. Ein Glück, daß nicht wie heute immer der Wagen abgeschleppt wurde. Ich sammelte Strafmandate und übergab sie Ende des Monats meinem Rechtsanwalt, damit er meine kleinen Sünden ausbügelte. Er hat ganz gut von mir gelebt, aber er hat oftmals gestöhnt ...

Heute fahre ich schon längst nicht mehr selbst. Ginge auch

kaum noch bei meiner Kurzsichtigkeit und Behinderung. Und außerdem finde ich Taxifahren ungeheuer bequem. Und Taxis halten übrigens auch überall dort, wo man hin will …

Von Saarbrücken ist es nur noch ein Katzensprung nach Paris.

Wir wollten unsere Saar-Pässe ausprobieren und fuhren los. Gene Kellys berühmter Revuefilm »Ein Amerikaner in Paris« lief damals gerade in den Kinos an, als ich meinen Amerikaner im *Lido* in Paris traf. Hingegangen bin ich mit Michael Jary, verlassen habe ich das *Lido* mit einem anderen – mit Frank Sinatra. Auch Frankieboy war damals noch etwas jünger und etwas schlanker. Er durchlebte gerade sein Tief – beruflich wie privat. Seine Plattenumsätze waren zurückgegangen, um nicht zu sagen, in ein tiefes Loch gerutscht. Er hatte sich nach längerer Zeit von seiner Jugendliebe scheiden lassen und lebte nun in einem Dauer-Clinch mit Ava Gardner.

Jary und ich saßen allein an der Bar. Ich war stocksauer auf ihn, denn er war zwar mit mir in Paris, wovon wir beide so lange geträumt hatten, aber er verschwand immer wieder für einige Stunden. Ich hatte schnell herausgefunden, daß er nicht nur unseretwegen in Paris war, sondern daß er noch ein französisches Eisen im Feuer hatte; eine Dame, die er nicht so ohne weiteres dahinschmelzen lassen wollte.

Wir tranken Champagner, prosteten einander zu, und Jary schlug vor, daß wir unsere kleine Streitereien doch begraben sollten. Das schlug mir auf die Blase. Also ging ich erst einmal aufs Klo. Als ich zurückkam, geschah es.

Mein Weg zurück wurde mir von einem Mann verstellt, der mich frech und lässig anlächelte, nicht zu sagen, daß er mich mit den Augen bereits auszog. »Hallo, Rotkäppchen«, sagte er keß und bezog sich dabei auf meine hennaroten Haare. »Wie wärs mit einem Drink?«

Ich ließ Jary Jary und Champagner Champagner sein und

dachte, jetzt kommt die Gelegenheit, meinem flatterhaften Begleiter einmal Mores zu lehren.

Ohne mit der Wimper zu zucken stieg ich von Champagner auf Whisky um. Nach dem dritten Glas stellte sich mein Flirt mir vor: Frank Sinatra.

Ich hatte ihn natürlich längst erkannt, spielte aber die Unwissende. Schließlich hatte Frankieboy – genau wie Ella Fitzgerald, Eleanor Powell oder Judy Garland – zu den Stars meiner Jugend gehört. Doch ich wollte Frankieboy schon ein bißchen zappeln lassen.

Der spielte nun auch ganz Unschuldslamm. Er wolle mir unbedingt seine Redlichkeit beweisen, betonte er wieder und wieder und meinte, daß wir aus diesem Grunde aber in sein Hotel fahren müßten, damit er mir seinen Paß zeigen könne.

Ich ging darauf ein. Im *George V.* angekommen, zog Sinatra als erstes die Vorhänge zu. Den Paß vergaß er. Er hätte ihn mir auch gar nicht auf seinem Zimmer zeigen können, denn er befand sich im Safe der Rezeption. Doch ich begnügte mich auch mit dem, was er mir sonst noch zeigen konnte. Und das war eine ganze Menge.

Vier Tage und vier Nächte blieb ich mit Sinatra im *George V.*, dann verließ ich ihn auf Zehenspitzen. Frankieboy schlief noch, und Jary war inzwischen abgereist. Er hatte mir allerdings einen Zettel hinterlassen: »Jetzt sind wir quitt.«

Nun, das waren wir vielleicht in diesem Fall. Unsere Zusammenarbeit aber ging weiter, über alle kleinen oder großen persönlichen Auseinandersetzungen hinweg. Zunächst aber tauchte wieder eine andere Frau auf, dieses Mal jedoch eine aus Michael Jarys Vergangenheit, die ich zudem noch sehr bewunderte: Zarah Leander.

*

Mit Zarah Leander hatte Michael Jary schon zusammengearbeitet, bevor wir uns kennengelernt hatten. Und wohl nicht nur gearbeitet. Aber egal, für beide war es eine fruchtbare, künstlerische Zeit gewesen. Der Höhepunkt war sicher der Evergreen »Ich weiß, es wird einmal ein Wunder gescheh'n« aus dem Film »Die große Liebe«, der 1941 gedreht wurde und später als Durchhalteschlager denunziert worden war. Jetzt jedenfalls tauchte Zarah wieder auf, etwas älter geworden, etwas molliger, aber ihre Persönlichkeit war nach wie vor unnachahmlich – von Kopf bis Fuß ganz Star, Siegerin und ein Idol. Jary war natürlich sofort wieder Feuer und Flamme, mit und für sie zu arbeiten.

Mir paßte das zwar nicht so ohne weiteres ins Konzept, aber es geschah etwas sehr Seltsames. Während ich zuvor noch einen Rochus auf Zarah gehabt hatte, bewunderte ich sie vom ersten Moment an, als ich sie endlich kennenlernte. Und die Sympathie beruhte auf Gegenseitigkeit. Natürlich ahnte Zarah von meinen Gefühlen ihr gegenüber, aber sie blieb ganz Dame und zeigte ein großes Herz. Was gewesen war, schien für sie gewesen – was immer das auch gewesen sein mag. Sie scherzte mit mir, zog mich in ihr Vertrauen, und wir lachten sogar über Michael Jary, der gar nicht verstehen konnte, daß wir zwei uns so gut verstanden.

Schließlich wurde eine Tournee geplant, an der Zarah und ich gemeinsam teilnehmen sollten. Das ging ganz gut, bis ich schließlich wieder meinen Rappel kriegte und mich wie ein drittes Rad am Wagen fühlte – völlig unberechtigt zwar, doch ich konnte nichts dagegen tun. Ich löste mich von der Tournee, von Michael Jary und Zarah Leander, stellte mir mein eigenes Tourneeprogramm zusammen und machte mich auf, allein die deutschen Konzertsäle zu erobern.

So tourte ich durch deutsche Lande, im Bus, mit meinen Musikern. Mitunter gaben wir an einem Tag zwei Vorstellungen in zwei Städten, ein ganz schöner Rekord. Und ich traf überall Kollegen, die es ebenso machten – vertraute Gesichter und neue, die gerade dabei waren, sich ihre ersten Sporen zu verdienen.

Da war Lale Andersen, die singen konnte, was sie wollte, aber im Herzen ihrer Verehrer immer »Lili Marleen« blieb. Selbst ihr späterer Erfolg mit dem Melina-Mercouri-Schlager »Ein Schiff wird kommen« aus dem Film »Sonntags nie« konnte ihre »Lili Marleen« nicht in den Schatten stellen. Lale war eine gute Freundin, ein verläßlicher Kumpel, eine gewissenhafte, penible Künstlerin, die nichts dem Zufall überließ.

Und Bully Buhlan natürlich, der Junge vom Kurfürstendamm, den ich ja noch aus seiner Zeit kannte, als er 1943 im Klaviertrio von *Arndts Bierbar* in der Pariser Straße zaghaft seine Ami-Schlager intonierte, bevor er sich als Sänger präsentierte und bewies, daß auch ein Deutscher die »Sentimental Songs« mit Pfiff und Swing im Blut haben konnte.

Fred Bertelmann war ein besonders lieber Kollege, der Chemikersohn aus Fürth, der 1957 mit seinem Hit »Der lachende Vagabund« zum Schallplattenliebling wurde und auch viele Filme gedreht hat. Ich treffe ihn noch heute mitunter, in dieser oder jener Stadt, bei diesem oder jenem Anlaß. Er ist noch immer der strahlende Beau – und dabei ein so einfacher, herzlicher Mensch geblieben. Die Beat-Ära hat auch ihn kürzer treten lassen, aber wo immer er auch heute auftritt, wird er nach wie vor von seinen Fans umlagert. Wie ich überhaupt festgestellt habe, daß ein Star von gestern heute vielleicht nicht immer den alten Glanz haben mag – doch für seine Fans bleibt er immer der Größte.

Liselotte Malkowsky und Margot Friedländer: Zwei Kolleginnen, mit denen ich oft zusammen auftrat, bei Tourneen oder im Rundfunk. Beide nie um einen Witz verlegen, mit beiden Beinen auf dem Boden stehend und jede für sich eine Sängerin eigener Prägung.

Gisela Schlüter – ein Kapitel für sich. Gute Freundin, endlose Quasselstrippe – auch am Telefon. Da kann sie sich mit Helen Vita die Hand reichen, meiner anderen Dauertelefoniererin. Egal, welche von den beiden am Apparat ist, der Tag kann über ein Geplauder mit Helen oder Gisela hingehen, ohne daß es mir bewußt wird. Dabei bin ich gar keine gute Telefoniererin, mag »an der Strippe« höchstens Verabredungen treffen, aber bin auf lange Konversation nicht aus, weil mir gar nicht einfällt, was so berichtenswert sein könnte. Ich brauche ein Gegenüber zur Unterhaltung, ein Gesicht, in das ich sehen kann.

Gisela ist eine Schwester im Herzen und im Geiste. Wen wundert es da, daß ich mit Gisela zusammen auch einmal eine hinreißende Parodie auf die singenden und tanzenden Kessler-Zwillinge (Alice und Ellen) hingelegt habe. Beim Auftritt haben wir uns schließlich selbst als Zwillinge empfunden.

Alice und Ellen Kessler hätte es sicher gefallen, denn diese beiden duften Mädels haben es nicht nur in den Beinen und in den Kehlen, sondern sie besitzen auch genügend Selbstironie, um sich über unsere parodistische Reverenz zu amüsieren – falls sie sie je gesehen haben.

Ich habe die Kesslers immer sehr bewundert. Sie sind einer der wenigen deutschen Export-Artikel, zwei Säulen des internationalen Show-Geschäfts seit Jahrzehnten. Und dabei völlig alterslos. Ich sehe sie noch vor mir als Zwillingstöchter von Grethe Weiser in dem Film »Solang es hübsche Mädchen gibt« – irgendwann in den fünfziger Jahren –, und jetzt habe ich sie gerade in dem Musical »Follies« bewundert, wo sie im Theater des Westens neben Eartha Kitt, Margot Hielscher, Renate Holm, Brigitte Mira und vielen anderen einen großen persönlichen Erfolg verbuchen konnten. Nicht mehr ganz taufrisch – aber immer noch ganz oben, da, wo sie hingehören: an die Spitze.

Dann gibt es da noch ein Mädchen aus Berlin, daß ich aus

ihren Anfängen kenne, Anfang und Mitte der fünfziger Jahre; so eine richtige Berliner Göre, die die Herzen ihres Publikums im Sturm eroberte: Cornelia Froboess, die immerzu ihre Badehose einpacken mußte, damit die große selige Berlin-Stimmung aufkam.

Die Karriere von Cornelia finde ich ganz erstaunlich. Kinderstar, Teenagerstar mit Peter Kraus als deutsches Rock-Pärchen, das auch einem Twist nicht abgeneigt war, Filmstar in vielen Musikfilmen und plötzlich – von heute auf morgen: Schluß.

Und plötzlich tauchte eine ganz andere, ganz ernsthafte Charakterschauspielerin Cornelia Froboess auf, die von Jahr zu Jahr besser wurde und zur ersten Garde unserer Bühnenschauspielerinnen gehörte oder auch im Fernsehen – selten zwar – immer für Hochkarätiges zuständig ist. Ganz nebenbei noch Ehefrau und Mutter. Sie hat es verstanden, die vielen Facetten erfolgreich unter einen Hut zu bringen. Das gelingt Frauen in meinem Beruf selten. Umsomehr bewundere ich Cornelia Froboess.

Auch Rainer Werner Fassbinder hat ihre Qualitäten zu schätzen gewußt und ihr in seinem wunderschönen Film »Die Sehnsucht der Veronika Voss«, der sich auf das tragische Schicksal des Ufa-Stars Sibylle Schmitz bezieht, die als Morphinistin starb, eine Rolle gegeben, in der Cornelia alle Register ihre Könnens ziehen durfte. Ganz nebenbei übrigens – ich habe selten eine so wunderschöne, moderne und sehr ehrliche Liebesbeziehung in einem Film gesehen wie die, die Cornelia Froboess und Hilmar Thate in diesem Film verkörperten.

Fritz Schulz-Reichel, der »Schräge Otto«, überall dabei, wo es galt, Fez zu machen, ein musikalisches Unikum, dessen Possen man sich wirklich kaum entziehen konnte.

Iwan Rebroff, selbsternannter Russe aus Halle, der auf den Taufnamen Hans Rippert hört, aber seiner Kehle so herzzerreißend russische Weisen entlocken kann, daß auch Russen, die aus Moskau oder Leningrad gebürtig sind, dahinschmelzen. Iwan, der hundert Geschichten auf einmal nicht nur erzählen, sondern auch erleben kann, der zugleich einer der charmantesten Gastgeber sein kann, die ich kenne, der so gern ißt wie ich und damit auch genauso viel Probleme hat, aber seine fröhliche Natur darüber nicht verliert. Iwan, der immer einen Scherz in Reserve hat, der Klatsch über alles liebt – auch über sich selbst – und andererseits doch auch ein ganz ernsthafter, engagierter Mensch und Künstler ist.

Heidi Brühl wurde zum Gesangsstar durch das Jary-Lied »Wir wollen niemals auseinandergehen«, das ich nicht singen wollte, weil mir der Text zu persönlich war. Ihr Glück, mein-Pech, denn das Lied wurde zu einem sensationellen Hit. Zuvor hatte Heidi Brühl schon Karriere als Schauspielerin gemacht, war vom »Mädelchen vom Immenhof« zur »Frühreifen« geworden, doch mit diesem Lied begann ihre Gesangs- und Show-Karriere, die sie bis nach Amerika führte.

Zu Beginn ihrer Gesangskarriere sind wir uns öfter begegnet, doch nach und nach verloren wir uns aus den Augen. Damals war sie ein unkompliziertes, aufgewecktes Mädchen, das gar nicht so recht verstehen konnte, warum es plötzlich ein Schallplattenstar geworden war – den Erfolg aber doch sichtlich zu genießen verstand.

Ihre weiteren Schritte habe ich nur aus der Entfernung verfolgt – ihr Weg in die Vereinigten Staaten, ihre Ehe mit dem amerikanischen Schauspieler Brett Halsey und schließlich ihr plötzlicher, für Freunde und Kollegen so überraschend früher Tod. Sie muß eine sehr tapfere Frau gewesen sein, nach allem, was sie so durchgemacht hat, und ihr Tod hat mir wieder einmal klar gemacht, wie wenig wir alle, die wir Kollegen und Kolleginnen seit Jahren und Jahrzehnten sind, doch voneinander wissen, wie einsam wir alle in gewissen Augenblicken unseres Lebens sein können. Da hilft aller Ruhm, aller Erfolg, alles Geld nichts. »Das letzte Hemd hat leider keine Taschen«, wußte schon Hans Albers zu singen. Und er wußte, wovon er sang.

Oder Angele Durand, die in deutschen Schlagerlanden für das zuständig war, was man ein französisches Schangssong nannte, und die sehr darauf bedacht war, eben auch den Esprit und das angeblich gewisse Etwas der Damen von der Seine auf die Bühne zu bringen.

Bibi Johns, die muntere Schwedin, voller Selbstironie und Humor, die eigentlich ganz andere Sachen singen wollte als die, die man ihr gewöhnlich abverlangte, die aber immerhin im bundesdeutschen Schnulzen- und Musikfilm Karriere gemacht hat.

Margot Hielscher war plötzlich da, am Arm jenes Friedrich Meyer, mit dem sie verheiratet ist, der mir beim Soldatensender in Belgrad bei der englischen »Lili-Marleen«-Fassung behilflich gewesen war. Margot – eine sehr schöne und aufgeschlossene Frau, chic und intelligent, mit der ich vor einigen Jahren in Hans-W. Geissendörfers Verfilmung von Thomas Manns »Der Zauberberg« zusammen wieder vor der Kamera stand. Sie hat das gewisse Etwas – äußerlich und stimmlich –, das immer aus dem Rahmen fiel, nie dem Zeitgeschmack angepaßt war; eine Spezialität für sich.

Hans Albers – natürlich. In Zürich nahmen wir die Duette »Das gibt es nur in Texas« und »In Arizona und Arkansas« auf. Er war ein großer Junge und ein ebenso großer Kavalier, ein Mann von Format, der sich auch dann nicht von seiner jüdischen Lebensgefährtin Hansi Burg distanzierte, als es ihm nahegelegt wurde. Dafür mußte er im Lande bleiben und als ewiger Sieger und Strahlebold deutschen Mannesmut im Kino beweisen – jedenfalls bis auf wenige Ausnahmen.

Albers ließ sich nie kleinkriegen, gab nie klein bei, und er hatte immer ein großes Herz in seiner großen Brust, an der man sich ausweinen konnte – für jedermann, nicht nur für Frauen oder Kolleginnen, sondern für jeden Menschen, von dem er glaubte, daß er gerade jetzt seine Hilfe benötigte. 1977 nahm ich bei der Hamburger Teldec »Das Lied von Hans Albers« auf, als kleine Reverenz an diesen großen, verehrten Kollegen. Die Stimme von Hans Albers mischte sich bei dieser Aufnahme elektronisch mit meiner. Menschen wie er sind rar geworden.

Dann natürlich Wolfgang Sauer – groß, blond, blind. Ein Mann, der sich trotz seiner Behinderung nicht davon abhalten ließ, sein Licht im Scheinwerfer zu suchen – und es fand. Ein treuer Freund, ein begeisterter Skatspieler, mit dem ich so manche Runde spielte. Er schenkte mir sogar ein Autogramm – »für meine Skatschwester«.

Vico Torriani – nicht zu vergessen, der Italiener aus der Schweiz, der so herrlich schmachten konnte wie kaum ein anderer. Vielleicht nicht unbedingt der Typ, auf den jede Frau flog. Aber wenn er seine Stimme erhob, flogen ihm alle Herzen zu. Meines auch – rein kollegial allerdings.

Iska Geri, diese schräge Nummer, diese umwerfende Komödiantin, die todernst die urkomischsten Albernheiten von sich geben konnte und dabei immer auf dem schmalen Grat zwischen Intelligenz und absolutem Nonsens balancierte.

Gitta Lind, die Dame des deutschen Schlagers – sehr fein, sehr edelmütig, immer auf Verzicht (zumindest in ihren Liedern) eingestellt, vom Glück träumend und es selten erhaschend. Manchmal konnte man glauben, sie singe tatsächlich ein Stück ihrer eigenen Lebensgeschichte.

Géza von Cziffra, der frech-ironische Spötter, Regisseur vieler Revuefilme, in denen ich mitwirkte. Ein ungarischer Kavalier – trotz der Schandschnauze, die er haben konnte und mit der er oft aneckte. Ich mochte ihn sehr. Aber ich habe ja ohnehin ein Faible für die Herrschaften mit einem gewissen humorvoll-geistreichen, auch etwas cholerischen Tick.

Gunther Philipp, Nervenarzt, Sportskanone und Komiker, ist ebenfalls einer der Kollegen, die stets für gute Laune sorgten, selbst, wenn es wenig zu lachen gab. Er kann todernst und todtraurig sein, aber wenn er komisch ist, dann gibt es kein Halten mehr – dann liegt man einfach unter dem Tisch.

Lou van Burg lernte ich bei vielen Tourneen gut kennen. Er war ein großer Kavalier und sehr sympathisch, schon lange bevor er zum Fernsehliebling wurde. Er kannte die meisten meiner Lieder – und die vieler Kollegen und Kolleginnen auswendig, denn er war auch ein Fan. Besonders gut kannte er natürlich die von Angele Durand, aber das ist ja eine bekannte Geschichte, die für manche Schlagzeile gesorgt hat.

Auch ich sorgte fleißig für Schlagzeilen. Manchmal noch heute. Ab und zu muß man das wohl, schon um zu beweisen, daß man noch da ist. Möge man mir – und den anderen – vergeben, falls wir es etwas zu toll getrieben haben sollten.

Cornelia Herrstatt war eine bekannte Journalistin in Berlin, die für viele Zeitungen und Magazine schrieb. Wir waren sehr gut miteinander befreundet. Sie wohnte nach dem Tod von Grethe Weiser in deren Wohnung in der Giesebrechtstraße, und wir haben uns oft getroffen, uns in ein Cafe gesetzt und geklönt. Mit Cornelia konnte man herrlich die Zeit vergessen. Konnte man – denn auch das ist vorbei, Cornelia ist vor einiger Zeit gestorben.

Grethe Weiser, natürlich! Wo sie auftauchte, konnte nichts schiefgehen. Sie veredelte auch noch die allerletzte Filmschnulze. Leider hat man sie nach dem Krieg nur selten in wirklich großen Filmrollen eingesetzt, meist war sie nur Draufgabe. Aber was für eine! Ihretwegen sehe ich mir heute im Fernsehen noch so manche Schnulze an, die allein durch ihre Anwesenheit geadelt wird.

Apropos Grethe Weiser: Sie ist ein Vorbild von mir. Genau wie Adele Sandrock. Aber vielleicht sind sie beide ja auch nur Wunschbilder. Doch ich habe mir immer gewünscht, im Alter einmal ihre Rollen spielen zu können – Komische Alte, meinetwegen Komische Alte der Subkultur. Hauptsache komisch. Oder eine Mischung aus Margaret Rutherford, der Miss Marple, und Adele Sandrock. Aber so etwas wird wohl Wunschbild bleiben. Oder sollte es tatsächlich jemanden geben, der es – allen Klischees zum Trotz – wagen würde, so eine Figur mit mir zu besetzen?

Josephine Baker, Urweib, ganz schokoladenbraun, und selbst im Alter noch voller Grazie und Esprit. Ein Zauberwesen. Eine Tänzerin, die man nur bewundern kann. Eine Sängerin, die noch im kleinsten Finger so viel Musikalität hat, daß man nur neidisch werden kann. Auch ein Mensch mit einem endlos großen Herzen, wie ihr Einsatz für die zahllosen Waisenkinder bewies, die sie aufgenommen und um die sie ihr Leben lang gekämpft hat.

Hanne Wieder – Grande Dame des deutschen Chansons. Sie hatte einen einmaligen Stil, der sie unverwechselbar machte. Talente wie sie wachsen kaum mehr nach. In den letzten Jahren war diese hochbegabte und blendend aussehende, sehr chice Frau durch einen Bandscheibenschaden gehbehindert. Mindestens eine halbe Stunde vor jedem Auftritt mußte sie in ihrer Garderobe auf- und abgehen, um sich überhaupt auf die Bühne stellen zu können.

Johannes Heesters – immer auf dem Weg ins *Maxim*; der ewige Charmeur in Frack und Zylinder. Aber privat genau das Gegenteil. Er war alles andere als ein Filou, sondern ein braver Ehemann, ein kerniger Naturbursche, der nichts mehr liebte, als sich allen Nachtlokalen und Capricen fernzuhalten, die auf der Bühne, im Film oder Fernsehen sein Milieu waren, in dem er sich so unvergleichlich bewegte.

Renè Kollo kenne ich noch aus der Zeit, in der er Schlagersänger war, bevor er sich der Oper zuwandte. Ein ganz lieber Mensch, grüblerisch, aber auch sehr verspielt. Seine ganze Freude ist seine Segeljacht, auf der er in seinem Urlaub lebt und an der er alle Reparaturen selbst ausführt. Selbstverständlich hat er auch ein Kapitänspatent.

Und Günter Simon, mein Partner aus dem Defa-Film »Meine Frau macht Musik«, den ich in Ost-Berlin drehte. Die Defa versuchte mit diesem Projekt in den frühen fünfziger Jahren die west-deutschen Unterhaltungsfilme zu imitieren, und hatte mich als Star engagiert. Günter Simon kam abends oft zu mir zu Besuch, was ja noch möglich war, denn die Mauer gab es noch nicht. Simon war ein fröhlicher Kerl, der gern die Tassen hochleben ließ und es nicht eilig hatte, wieder heimzukehren.

Zuerst dachte ich, er habe ein Auge auf mich geworfen, dabei flirtete er ganz ungeniert mit meiner Mutter. Er war tatsächlich in meine forsche Mama verliebt, saß stundenlang mit ihr zusammen und schien sich bestens zu amüsieren. Meiner Mutter wurde es schließlich unheimlich, und so mußte ich dafür sorgen, daß der liebe Günther nicht noch bei uns einzog ...

Bruno Arno, der Bruder von Siegfried Arno, war mein Partner in einer Inszenierung von »Maske in Blau« im Europa-Palast in Neukölln. Er war damals gerade aus der Emigration zurückgekehrt, war Deutschland und vielen Kollegen gegenüber noch sehr skeptisch. Aber mich hatte er sofort in sein Herz geschlossen. Für mich war übrigens extra in die Operette die Rolle einer südamerikanischen Kneipenwirtin hineingeschrieben worden.

Auch Fritzi Massary, die große Dame der Berliner Operette, habe ich noch kennengelernt – klein, fast zerbrechlich, aber mit großen, neugierigen Augen erinnere ich sie. Sehr fein, fast durchsichtig – und von Kopf bis Fuß eine Lady. Nur wenn sie Witze erzählte, was sie herrlich konnte, verfiel sie in den Berliner Jargon – was sonst gar nicht ihre Art war.

Max Colpet, Textdichter und Drehbuchautor, ein Freund und Meister des Chansons – und Liebhaber der Damen. Er hat mit Billy Wilder zusammengearbeitet und mit Roberto Rossellini an seinem Film »Deutschland im Jahre Null« über die ersten Nachkriegsjahre in Berlin; ein Film, in dem auch das spätere »Stachelschwein« Jo Herbst mitspielte. Max Colpet hat auch viel für Marlene Dietrich geschrieben, der deutsche Text von »Sag mir, wo die Blumen sind« stammt von ihm, aber vor allem ist er eine nie versiegende Quelle an Showgeschichten. Was er erlebt hat, wen er kennengelernt hat, kann wahrlich Bände füllen.

Kurt Hirsch kam als amerikanischer Presseoffizier nach Berlin. Er hat kurz nach 1945 die junge Hildegard Knef geheiratet und sie mit nach Amerika genommen. Er hat mir schon damals in Berlin sein Leid über seine Ehe geklagt. Wahrscheinlich waren sie beide viel zu jung. Und in jener Zeit – ein amerikanischer Jude und eine junge Schauspielerin, die als Trümmermädchen im deutschen Nachkriegsfilm Karriere machte, das konnte in den Vereinigten Staaten damals wohl einfach nicht gutgehen. Wer weiß, wie es mir einige Jahre zuvor mit Charles in Amerika ergangen wäre, wenn wir es geschafft hätten, dorthin zu kommen ...

Georg Thomalla – Filmkomiker und privat ein ganz ernsthafter Mensch, der sich mit Religion beschäftigt. Ein Paradox? Nicht wirklich. Ein Künstler eben!

Oder Freddy Quinn, den ich noch in der Hamburger *Washington-Bar* auf St. Pauli erlebte, bevor er der große Goldjunge wurde, der ständig Heimweh nach St. Pauli haben und immer heimatlos bleiben mußte, und dessen »Junge, komm bald wieder« ganze Müttergenerationen mitsummten – und dabei an ihre Söhne, Männer, und Brüder dachten, die irgendwo da draußen auf großer Fahrt waren.

Freddy entdeckte ich (für mich) – und ganz platonisch, bitte schön! – durch meine Hamburger Freunde von der Künstlerpension Eckstein. So etwas gibt es heute wohl kaum noch. Oma Eckstein empfing mich und Tochter Hildegard, am gleichen Tag wie ich geboren, nur rund sieben Stunden älter, wich kaum noch von meiner Seite. Wir wurden auf Anhieb

Freundinnen, sind es noch heute. Wenn ich später Familienanschluß brauchte, Sehnsucht nach einem Stückchen Heimat hatte, vor allem nach dem Tod meiner Eltern, wenn ich Trübsal blies oder mich so richtig miesepetrig elend fühlte oder auch, wenn ich einfach Sehnsucht nach ihnen hatte – die Ecksteins waren mir Familie, dort war ich ich, nicht Evelyn Künneke, der Star, sondern Mensch wie du und ich.

Dazu gehörten damals Hildegards jüngerer Bruder Günther und Jochen, Hildegards kleiner Sohn, der inzwischen auch ein bißchen größer geworden ist. In diesem Eckstein-Clan liefen damals die Fäden der Hamburger Künstlerszene zusammen. Dort traf man Walter Giller, der ständig an Liebeskummer litt (bevor er sein Pendant Nadja Tiller kennenlernte), da war die Gräfin Sigrid von Richthofen anzutreffen, einst ein gefeierter Opernstar, die sich nun als Kleindarstellerin beim Film verdingte und mit sonorer Baßstimme tausendundeine Geschichte über mindestens zweitausend Leute zu erzählen wußte. Rosa von Praunheim hat ihre Skurrilität später ebenso einzusetzen gewußt, wie er mich oder noch etwas später ja auch Lotti Huber und ihre umwerfenden exzentrischen Solonummern in Szene zu setzen verstand.

Manchmal tauchte auch Harry Pauli auf, ein Schauspieler, der wegen seiner Homosexualität im Konzentrationslager gewesen war und jetzt unter dem Künstlernamen Pauline Courage ein kleines Kellertheater in Hamburg führte, in dem er selbstgeschriebene und von ihm dramatisierte Theaterstükke aufführte. Die Rollen besetzte er mit Laien, meist Gäste seiner Kneipe: junge Arbeitslose, auch Stricher, denen Harry Obdach gab – auch eine sehr eigenwillige, kämpferische Weise der schwulen Emanzipation. Harry-Pauline wurde auf dem Hamburger Kiez geliebt und verehrt wie kaum jemand, und er ist erst vor einigen Jahren hochbetagt gestorben.

Und mein Günther Eckstein, der mit seinen Kumpels auf ihren nächtlichen Streifzügen die *Washington-Bar* angelaufen und dort Freddy Quinn, der damals noch Manfred Petz hieß, entdeckt hatte. Günther schleppte alle möglichen Leute daraufhin in die Bar – eines Tages auch mich. Aber es blieb schließlich der Tänzerin Maria Litto vorbehalten, mehr für den jungen Sänger zu tun. Sie lotste nämlich nun wiederum Lothar Olias in die *Washington-Bar*, der bald darauf begann, Millionenerfolge für Freddy zu schreiben – der Rest ist deutsche Unterhaltungsgeschichte. Mir blieb hingegen die Entdeckung eines anderen jungen Talents vorbehalten – Peter Alexander.

Ich stand in Wien für die Dreharbeiten zu dem Film »Verlorene Melodie« vor der Kamera. Ein junger hochaufgeschossener Mann spielte in dem Film einen Barpianisten. Wir kannten kaum seinen Namen oder hatten ihn nach einer kurzen Begrüßung wieder vergessen, aber der Schlaks war allen sympathisch, die an dem Film mitarbeiteten, und es stellte sich heraus, daß er tatsächlich Klavier spielen konnte und nicht nur so tat.

In einer Drehpause baten mich die Bühnenarbeiter, ihnen doch einmal ein paar von meinen Liedern vorzusingen. Natürlich war ich im Prinzip einverstanden, aber ich hatte keinen Pianisten, der mich hätte begleiten können.

»Aber, gnädige Frau«, sagte da plötzlich der junge Schlaks sehr höflich und etwas verlegen. »Vielleicht darf ich Sie begleiten?«

»Aber ich habe keine Noten«, entgegnete ich.

»Das macht nichts«, meinte er. »Singen Sie, was Sie wollen. Ich begleite Sie. Ich kenne Ihre Lieder.«

Und so begann es. Peter Alexander begleitete ich am Klavier bei diesem improvisierten Auftritt, den Bühnenarbeitern gefiels und ich war doch sehr erstaunt, daß dieser Mensch so mir nichts dir nichts alle meine Songs drauf hatte.

Nach den Dreharbeiten verloren wir uns aus den Augen. Eines Abends ging ich mit Helmut Qualtinger, den ich ebenfalls in Wien kennengelernt hatte, zu Gerhard Bronner in dessen *Marietta-Bar*, wo mir ein neuer, unbekannter, aber höchst charmanter Sänger auffiel, der dort offensichtlich so etwas wie sein Debüt gab.

Ich erkannte meinen Klavierbegleiter nicht sofort, da ich ja bekanntermaßen stark kurzsichtig bin, aber als wir in einer Pause ins Gespräch kamen, erinnerte ich mich. Und ich beschloß, ihm einen kleinen Stups auf dem Weg zur Karriere zu geben.

Ich belagerte meinen Schallplattenproduzenten Gerhard Mendelssohn, er möge in die *Marietta-Bar* gehen und sich dieses Talent anhören. Der glaubte mir kein Wort, dachte wohl eher, ich wollte ihm einen meiner Flirts als neuen Star unterjubeln. Doch ich blieb hart, drohte sogar damit, solange erkältet zu bleiben, daß sich sämtliche weitere Schallplatten-Aufnahmen mit mir um Jahre verzögern würden, wenn er nicht endlich einmal seinen Fuß in die Bar setzen würde.

Gerhard Mendelssohn hielt mich für völlig durchgedreht, gab aber schließlich nach und begleitete mich. Und siehe da – plötzlich verstand der Herr Produzent, weshalb ich so unnachgiebig ihm gegenüber geblieben war.

Doch der Karriereschub war ein kleiner Hindernislauf. Peter war so nervös, daß er kaum einen vernünftigen Ton herausbringen konnte. Doch schließlich lief er zu großer Form auf und es kam zu seiner ersten Schallplatte.

Und dann arbeiteten wir zusammen – dieses Mal direkt miteinander, nicht nur wie in »Verlorene Melodie« nebeneinander. Wir nahmen auch Duette auf wie »Ach, Herr Kuhn« oder »Baby, es regnet doch«. In dem Film »Tanzende Sterne« tanzten wir sogar zusammen und sangen gemeinsam »So sind die Mädchen von der Bongo-Bar«. Dazu legten wir einen flotten Boogie Woogie auf das Atelierparkett.

Doch privat gingen wir schnell getrennte Wege. Ich hatte den einen oder anderen Herrn im Auge, und Peter hatte inzwischen durch mich eine Dame kennengelernt, die mir äußerlich sogar ähnelte und der er seine ganze Aufmerksamkeit schenkte. Die junge Dame hieß Hilde und ist seit langer Zeit Frau Alexander.

*

Diese Jahre der Tourneen und Soloauftritte sehe und empfinde ich heute wie einen einzigen großen Tanz im Rausch. Nicht in dem des Alkohols, obwohl der mitunter auch im Spiel war. Nein, es war vielmehr das Gefühl von Freiheit, das mich – und sicher auch viele meiner Kollegen – damals beglückte, das uns ein wenig oder auch mehr über die Stränge schlagen ließ.

Nach all den Jahren des Krieges, der Verbote, der Bespitzelungen tanzten wir jetzt über Bühnen und durch Atelierhallen, befreit von allen Zwängen. Ich war 23 Jahre alt, als der Krieg endete, und hatte ein paar meiner besten Jahre damit verbracht, zu überleben. Es gab so vieles, was meine Generation nicht kannte, jetzt kennenlernen und erfahren wollte. Nachgewachsene Generationen können sich das kaum noch vorstellen. Junge Menschen von heute, die mit Scheckbuch, Auto, Lebensversicherung, Video und Eigentumswohnung in das Jahr ihrer Volljährigkeit treten – ich weiß sehr wohl, daß das nicht alle betrifft, aber doch sehr viele –, wissen nicht, wie es ohne diese Dinge sein kann, daß es gar nicht so selbstverständlich ist, eine Scheckkarte zu besitzen und schnell mal eben sein Konto zu überziehen.

Ich habe damit heute noch meine Schwierigkeiten. Lange Zeit habe ich diese Plastikmarke gar nicht haben wollen, weil sie mir so unpersönlich vorkam. Meine erste Gage hatte ich noch per Handschlag auf den Tisch des Hauses bekommen. Daran gewöhnte ich mich. Später hieß es dann, die Gage wird auf mein Konto überwiesen. Heute bekomme ich das kaum noch mit, denn ich kann meinen Kontoauszügen nur schwer entnehmen, was ein- oder ausgegangen ist, geschweige denn, von wem vielleicht etwas eingegangen sein könnte.

Eines Tages sagte die freundliche Dame auf meiner Bank zu mir: »Also, Frau Künneke, jetzt beantragen wir aber endlich eine Scheckkarte für Sie.«

»Warum denn?« fragte ich ganz doof. »Ich komme gern hierher, fülle aus und nehme mit. Oder wollen Sie vielleicht nicht, daß ich Ihnen auch weiterhin Guten Tag sage?«

»Doch«, meinte die Dame. »Aber das kostet dann immer eine Mark. Sonst nichts.«

So bin ich zu meiner Scheckkarte gekommen.

*

Natürlich ging es damals beim Stress der Tourneen auch hoch her. Natürlich konnte man nach einer erfolgreich absolvierten Show nicht einfach abschalten, in sein Hotelzimmer gehen, schlafen und so tun, als sei nichts gewesen. Natürlich hatte man in jeder Stadt fast so etwas wie eine Stammkneipe, in die man einflog, beseelt vom Erfolg, mit riesigen Blumensträußen im Arm, hungrig nach einem heißen Happen und durstig nach einem kühlen Tropfen.

Alkohol war für uns Musiker das, was später Rauschgift für die Pop- und Rockkünstler wurde. Wenn man wochenlang auf Tournee war, heute hier und morgen dort gastierte, konnte es nicht ausbleiben, daß man manchmal einen über den Durst trank. Schon vor lauter Heimweh, Einsamkeit, Sehnsucht oder auch Glück. Ich weiß noch, daß ich während einer Tournee mit Zarah Leander in den Pausen mit Zarah heftig einen kippte. Arne Hülphers, Zarahs Mann und Pianist, achtete immer streng darauf, daß nicht zu viele Flaschen in unserer Nähe standen.

Es waren herrliche, selige Zeiten damals. Heute würde ich

das kaum mehr schaffen. Nicht auszudenken, wenn ich mich heute – selbst wenn ich noch etwas jünger wäre –, diesen Torturen unterziehen müßte. Ab und zu ein Soloabend in einer anderen Stadt – gut und schön. Aber nicht mehr die ganze Landstraße rauf und runter und wieder zurück.

Nein, damit ist es ein für allemal vorbei. Schon wegen der Hüftgelenk-Operationen, die ich hinter mir habe. Da ist Schluß mit dem Steppen, was mir auch als älteres Semester in meinen Shows bis zu meinen Operationen immer noch gelungen ist. Aber das heißt nicht, daß nicht noch genügend Glanz da wäre, um mein Publikum zum Staunen zu bringen. Nur muß ich eben ein bißchen haushalten mit dem, was mein Körper mir noch erlaubt.

Bei der Tournee, die ich 1985 mit »Der Vetter aus Dingda« unternahm und bei der ich schon einmal die Tante Wimpel spielte, hatte ich mitunter fürchterliche Schmerzen. »Meine Scharniere sind heute wohl nicht richtig geölt«, meinte ich fröhlich, wenn mich Kollegen ansprachen, die natürlich mitbekamen, wie ich mich quälte, um ja keine Vorstellung ausfallen zu lassen.

Jeden Tag bekam ich vor meinem Auftritt eine Spritze. Schließlich ging ich, als ich wieder in Berlin war, zu einem Chiropraktiker, der in beiden Hüftgelenken Arthrose feststellte. Außerdem hatte sich ein Nerv verklemmt. Gut, der wurde entklemmt. Aber die Schmerzen blieben.

»Sie sind noch nicht operationsfähig«, sagte mir der Onkel Doktor schließlich ernst und etwas vorwurfsvoll. »Sie müssen rund fünfzig Pfund abnehmen, sonst können wir nicht anfangen.«

Auch das kriegte ich hin und nahm in sieben Monaten die angemahnten Pfunde nach eigener Diät ab. Das ist übrigens gar nicht so schwer wie man mitunter annehmen mag.

Man muß dabei nur seine Eßweise ganz langsam umstellen. Keinerlei gezuckterte Speisen. Wenig Fett. Hauptsächlich Margarine oder Distelöl statt Butter. Mageres Fleisch in kleinen Portionen, Obst in mäßigen Mengen. Gegen akuten Hunger helfen frische grüne Salatgurken, ein oder zwei Tomaten, Radieschen oder Staudensellerie. Ein bis zwei Scheiben Vollkornbrot sind erlaubt. Viel Mineralwasser. Auch Kaffee oer Tee – aber pur, höchstens etwas Kaffeesahne oder flüssiger Süßstoff sind erlaubt. Fleisch darf nur gekocht oder gegrillt sein, auf keinen Fall gebraten. Nur gedünstetes Gemüse. Körperlicher Ausgleich wie Schwimmen, Gymnastik oder Spaziergänge sind ein zusätzliches Hilfsmittel für den Kreislauf.

Und noch eine kleine Hilfe: Wenn einen der Heißhunger übermannt, kann ich nur sagen: Friß dein Fett auf. Davon geht es zwar nicht weg, aber es hilft – im Kopf und im Bauch.

Mit meinen Abmagerungskuren hatte ich auf die Dauer mehr Stress als mit meinem Liebeskummer. Mir hat mal jemand gesagt, daß der Mensch entweder ein Eisen- oder ein Kachelofen ist. Der Eisenofen kann alles essen – und nimmt nicht zu. Die Kachelöfen sind hingegen sehr gute Futterverwerter – und setzen alles so richtig schön an. Ich gehöre zu den Kachelöfen.

Ich habe auch mit einer Drei-Tage-Radikalkur Erfolg gehabt: Am ersten Tag ißt man über den Tag verteilt neun Würstchen, am zweiten Tag neun Bananen, am dritten Tag drei hartgekochte Eier. Angeblich nimmt man dabei täglich ein Kilogramm ab.

Vor meinen Hüftoperationen hatte ich wie wohl jeder Mensch panische Angst. Aber in den OP-Saal bin ich mit dem festen Willen gefahren, es zu schaffen und gut zu überstehen. Ich glaube, das war eine große Erleichterung. Nicht nur für mich, sondern auch für die Ärzte, denn sonst verkrampft sich ein Patient allzu leicht in der Narkose, was eine Operation nur noch schwerer und mitunter auch gefährlicher machen kann.

Wer glaubt, daß ich – weil ich mir siebenmal die Nase habe operieren lassen – ein Freund der Herren im weißen Kittel bin, der irrt gewaltig. Auch zu meinen Nasenoperationen hat mich die pure Verzweiflung getrieben. Mag sein, daß sich viele Menschen das nicht vorstellen können, aber ich habe unter meinem großen Zinken sehr gelitten. Das es dann mit dem einen oder anderen Modell schief ging, ist eine andere Geschichte, aber ich bin alles andere als süchtig nach Krankenhäusern. Und ein Operations-Freak bin ich schon gar nicht.

Aber im Fall meiner Hüften blieb mir nichts anderes übrig, wenn ich nicht im Rollstuhl weitermachen wollte. Also biß ich die Zähne zusammen. Zunächst aber hatte ich noch ein Engagement in Bonn angenommen, wo ich im Stadttheater Bad Godesberg die Öffentliche Meinung in Jacques Offenbachs »Orpheus in der Unterwelt« sprach. Ich brauchte nur zwanzig Minuten auf der Bühne zu stehen, aber ich betete jeden Tag, daß es mir möglich sein würde, diese Zeit durchzustehen. Alle vier Stunden nahm ich Tabletten und schließlich bestätigte mir der Röntgenologe, daß ich nun um die Operation wohl nicht mehr herumkommen würde. Mir war alles egal. Ich hatte solche Schmerzen, daß es mir sogar gleichgültig gewesen wäre, wenn ich in der Narkose gestorben wäre. Doch da war Professor Hoffmeister vor . . .

Als ich nach der Operation meines rechten Hüftgelenks aus der Narkose erwachte, hatte ich kaum Schmerzen. Sehr leichte vielleicht. Am Tag danach wurde ich bereits aus dem Bett geholt und mußte mit einem Gehgestell erste Bewegungsübungen machen – vom Bett zur Tür und so weiter. Am dritten Tag ging es bereits auf den Flur, ganz ohne Schmerzen. Ich konnte es kaum glauben.

Am vierten Tag mußte ich unter Anleitung und in Begleitung bereits per Gehhilfe zwanzig oder dreißig Meter laufen. So ging es – sachte, sachte – weiter. Auf den Korridoren traf ich Leidensgenossen, die mich freundlich anlächelten, sich über die Fortschritte, die sie machten, untereinander unterhielten und mich ganz selbstverständlich in ihren Kreis aufnahmen. Das war eine sehr menschliche moralische Aufrüstung, die ihr übriges tat, damit es voranging.

Fünf Wochen lang blieb ich in der Klinik, dann konnte ich nach Hause. Ich blieb nicht zu Hause, sondern ging sofort hinaus auf die Straße, um weiter zu trainieren. Mit meinen beiden Gehhilfen bin ich so zwei oder drei Wochen nach der Operation täglich auf die Straße gegangen und habe meine Spaziergänge gemacht – ganz egal, was die Leute gedacht haben, die mir nachsahen, ob sie mich vielleicht erkannt hatten oder nicht. Ich wollte wieder laufen können, und wenn dieses der einzige Weg war – dann zum Teufel mit der Eitelkeit und den Ängsten, dann ran an den Berg, den es zu erklimmen galt.

Ich bin mit meinen Gehhilfen nach Hamburg geflogen, um dort in einer Show aufzutreten. Auf der Bühne habe ich die beiden Dinger weggeworfen – das Publikum hat mir das überhaupt nicht übel genommen, sondern rief noch »Bravo«!

Zwei Tage vor Weihnachten 1987 ging es an die zweite Operation. Im Sommer hatte ich bei der Berliner 750-Jahr-Feier noch rund vierzig Freilichtveranstaltungen mitgemacht. Jetzt, kurz vor Jahresende, nahm ich an einer Weihnachtsmarkt-Veranstaltung teil. Als mich Kollegen fragten, was ich mir denn zum Fest wünschen würde, antwortete ich, fast glücklich: »Mein schönstes Geschenk ist meine Operation.«

Dieses Mal war ich nur vier Wochen im Krankenhaus. Auch nach dieser Operation hatte ich fast keine Schmerzen. Ich nahm Bewegungsbäder, machte Gymnastik, einmal die Woche Rückenschwimmen. Jetzt habe ich Arthrose im rechten Knie und fürchte, daß die nächste Operation schon wartet. Worauf mein Kollege Nero Brandenburg, dem ich davon erzählte, nur aufmunternd meinte: »Zwei falsche Hüften und Arthrose im Knie sind noch lange keine Nummer für den Rollstuhl.«

Und als er hörte, daß mich ein Journalist fragte, weshalb ich denn immer noch auftreten und singen müßte, ich könnte mir doch einfach auch so einen schönen Lebensabend gönnen, konterte Nero: »Sie muß nicht können, aber viele andere können sich davon eine Scheibe abschneiden.«

Natürlich wäre ich gern noch so beweglich wie die urkomische Lotti Huber, die bei mir um die Ecke in der Leibnizstraße wohnt, noch einige Jährchen älter als ich, aber mit einer Verve und mit einem Temperament auf die Bühne springt, daß es die reine Lust ist. Ich habe sie bei den Dreharbeiten zu dem Film »Schöner Gigolo, armer Gigolo« kennengelernt, in dem wir auch eine kleine Szene zusammen hatten. Rosa von Praunheim hatte sich ihrer angenommen und seitdem wurde Lotti – fast über Nacht und genau wie ich – zu einem Kultstar. Und das nicht nur in der Berliner Szene.

Oder Hulda Gläser, die bei mir gegenüber in der Giesebrechtstraße lebt. Auch eine alterslose Erscheinung, die acht Kinder großgezogen hat, sich mit sechzig Jahren von ihrem Alkoholiker-Ehemann hat scheiden lassen und in dem Haus, in dem sie lebt, immer noch die Hauswartsstelle innehat.

Sie ist inzwischen Mitte Siebzig, aber ein unwahrscheinliches Temperamentsbündel, dabei immer freundlich und hilfsbereit, fast so etwas wie die gute Seele meines kleinen Kiezes rund um den Platz, an dem ich wohne. Sie ist eine Cousine von Annie Ahlers und hat schon in ihren Kindertagen Kinder- und Laientheater gespielt. Seit vielen Jahren arbeitet sie neben ihrer Hauswartsstelle auch als Kleindarstellerin beim Film, im Fernsehen oder am Theater. Zuletzt gehörte sie zum Ensemble der Günther-Krämer-Inszenierung von Brecht/Weills »Die Dreigroschenoper« und tourte mit diesem Erfolg durch Europa. Beim Theaterfestival im italienischen Spoleto gab es sogar den ersten Preis.

Auch Hulda ist eine Frau, die sich für ihr Alter absolut nicht zu schämen braucht. Sie ist körperlich erstaunlich fit, hat bis vor kurzem noch an den Berliner Marathonläufen teilgenommen und fährt noch immer Rad. Nebenbei schreibt sie auch Gedichte, die sie mit viel Herzblut vorträgt, und Rosa von Praunheim hatte sie auch in seinem Film »Ich bin ein Antistar« eingesetzt, den er über mich gedreht hat. O nein – vor Hulda mache ich oft im Geiste einen tiefen Knicks, denn sie hat auch schwere Schicksalsschläge zu überstehen gehabt. Zwei ihrer Töchter haben aus Liebeskummer Selbstmord begangen, und für Hulda war es nicht leicht, damit fertigzuwerden. Aber sie ist eine Kraftnatur, und ich sehe ihr manchmal voller Bewunderung von meinem Fenster aus nach, wie sie bei jedem Wetter federleicht die Straße entlangeilt ...

*

Meine Freundin Sigrid aus Düsseldorf ist zwar etliche Jahre jünger als ich, aber auch sie gehört zu meinem engen Freundeskreis, auf den ich mich immer verlassen kann. Sigrid lernte ich in ihrer Boutique in München kennen, in der ich mal wieder meinem Kaufrausch frönte, einem Leiden, das in meiner Generation durch die Kriegserfahrungen wohl latent bleiben wird. Aber die Geschichte kann Sigrid auch selbst erzählen ...

Sigrid: »Ich bemerkte, wie eine etwas korpulente Dame versuchte, sich in eine Bluse der Kleidergröße sechsunddreißig zu zwängen. Nein, sie wolle keine andere, sie wolle genau die! Aber diese Bluse gab es nicht größer, denn jedes Teil war ein Einzelstück. Evelyn war nicht sofort einsichtig, aber als ich ihr sagte, daß ich doch vielleicht später bei ihr im Hotel vorbeikommen könnte, um ihre Maße zu nehmen und ihr dann eine gleiche, aber passende Bluse zu nähen, hellten sich ihre Gesichtszüge auf. So begann unsere Bekanntschaft, aus der im Verlauf der Jahre eine gute Freundschaft wurde.«

Wäre ich zwanzig gewesen, hätte ich sicher die ganze Boutique gekauft. Es war einfach zu verführerisch. Sigrid hatte später einen schweren Autounfall, bei dem sie ernste Verletzungen erlitt. Ihre Oberlippe war völlig entstellt, und Sigrid traute sich kaum mehr unter Menschen. Für eine Frau keine schöne Aussicht, aber sicherlich würde es manchem Mann auch nicht anders ergehen.

Sigrid: »Es war Evelyn, die mir kameradschaftlich wie kein anderer Mensch zur Seite stand. Evelyn hatte damals gerade ihr Face-Lifting bei Doktor Peter Pohl in Berlin hinter sich und bombardierte mich fast täglich damit, ebenfalls zu Pohl zu gehen. Ich war moralisch völlig im Keller, wenn ich das so symbolhaft sagen kann, und Evelyn hat mich da rausgeholt, mich gezwungen, den Keller zu verlassen und wieder ins Tageslicht zu treten.«

Ich empfand es als grauenhaft und ungerecht, daß ein junger Mensch den Rest seines Lebens so entstellt verbringen sollte. Ich habe mir zu meinem sechzigsten Geburtstag ein Lifting gegönnt, weil ich schlicht der Meinung war, etwas propperer aussehen zu wollen. Bei Sigrid lag der Fall anders. Bei ihr war es keine Frage von ein paar Falten oder einem Doppelkinn, bei ihr bestand auch das Risiko, daß durch ihre Entstellung auch psychologische Störungen hätten auftauchen können. Es mußte einfach etwas geschehen. Und schließlich hatte ich sie soweit. Dr. Pohl nahm sich ihrer an – und heute? Na, heute ist von der Sache überhaupt nichts mehr zu sehen.

Sigrid: »Evelyn und ich haben so etwas wie eine Seelenverwandtschaft. Sie ist nur etwas lockerer, vielleicht auch etwas robuster und tatkräftiger. Ich wäre nie auf die Idee gekommen, zu einem Schönheitschirurgen zu gehen. Sie hat mich wirklich aufgerichtet, und das werde ich ihr nie vergessen.«

Ich wollte mit meinem Lifting ja nicht plötzlich aussehen wie eine Dreißigjährige, aber ich hatte das Gefühl, daß mein Gesicht herumhängt wie ein alter Mops. Ich war der Meinung, wenn ich mich schon auf einer Bühne sehen lassen wollte, dann so, daß ich mich auch sehen lassen konnte.

Also ließ ich mich beraten, raffte mich auf und ging in die Klinik.

Sieben Stunden dauerte die Operation. Als ich danach zu mir kam, sah ich aus wie Charles Laughton als »Glöckner von Nôtre Dame« oder wie Max Schmeling nach einem K.o. Entzückt war ich nicht ...

Aber da war ein netter Medizinstudent, der sozusagen als Nachtschwester für mich zuständig war, auf mich achtgab, mich auch zur Toilette hievte und mich lieb umsorgte. Als ich Dr. Pohl von dem netten Jungen erzählte, der mir so sympathisch war, schmunzelte er und sagte: »Ich war Ihre Nachtschwester. Ich wollte Sie nicht unbeaufsichtigt wissen und habe lieber selbst nach dem Rechten gesehen.«

Dann öffnete er eine Flasche Champagner – »Muß sein, wegen des Kreislaufs« – und wir begossen mein neues Gesicht, von dem noch nicht viel zu sehen war. Immerhin hat das Lifting bis heute gehalten – zehn Jahre lang.

Fünf Tage später verließ ich die Klinik mit meinem Osterhasen-Verband, aus dem nur Kinn und Augen herauslugten. Was mich nicht davon abhielt, bei mir an der Ecke einzukaufen – als Osterhase verkleidet und mit Schiebermütze auf dem Kopf. Wenn mich jemand ansprach, der mich trotzdem erkannte und ganz entsetzt über mein Aussehen war, sagte ich ihm, ich sei in eine Schlägerei geraten, aber mein Gegner würde ganz anders aussehen ...

Vier Wochen hat es gedauert, dann kam der Verband wieder ab, und ich sah zum ersten Mal mein neues Gesicht. Ich war zufrieden. Ach, Quatsch, was heißt zufrieden – ich war glücklich und stolz.

Mag Ansichtssache sein, zugegeben. Aber wer sein Gesicht in der Öffentlichkeit zeigen muß, sollte das ohne Komplexe wegen seines Äußeren tun, würde ich meinen. Wer nicht will, muß ja nicht. Und ich bin durchaus der Ansicht, daß die

Kosten eines Lifting von der Krankenkasse übernommen werden sollten – siehe Sigrid, denn schließlich geht ja auch kein Mensch ohne Zähne, oder?

Moralisch aufgerichtet und rührend umsorgt hat mich – nein, kein Mann, sondern meine Freundin Gaby Böldt. Gaby hat mich mit ihrer ungeheuren Tatkraft und ihrer hilfreichen Spontaneität schon überrascht und beeindruckt, als ich mir in Paris den Arm gebrochen hatte. Ich war zu einem Auftritt im Goethe-Institut in die französische Hauptstadt eingeladen worden, und Gaby begleitete mich. Nach der Vorstellung hatte ich beim Verlassen der Bühne wohl einen kleinen Blackout, noch ganz umnebelt und aufgewühlt vom Applaus des Publikums. Ich mußte eine Treppe ohne Geländer hinuntergehen und bums, lag ich auf der Nase. Eine Stunde mußte ich auf einen Krankenwagen warten und habe auf dem Boden gelegen, denn ich konnte mich kaum rühren. Gaby war an meiner Seite und brachte mich dann in das Amerikanische Krankenhaus. Dort auf der Toilette habe ich mich umgezogen und abgeschminkt. Dann war kein Bett frei, und wir haben bis morgens um drei Uhr im Krankenhaus mit den Leuten vom Goethe-Institut gewartet. Im ganzen Amerikanischen Krankenhaus gab es nicht einen Menschen, der englisch sprechen konnte – oder so, daß man sich verständigen konnte. Doch dann ratterte Gaby auf französisch los, legte ein Maschinengewehr-Palaver hin, daß es mir die Sprache verschlug, und in kurzer Zeit waren alle Formalitäten erledigt.

Als ich mich von meiner Überraschung erholt hatte, fragte ich Gaby, weshalb sie sich auf dem Empfang des Goethe-Instituts denn so stumm gezeigt habe, wo sie doch so gut französisch spreche.

»Ach, weißt du«, antwortete sie, »du hast dich so gut unterhalten – weshalb sollte ich mich da einmischen?«

In Berlin habe ich meinen Arm dann noch einmal nachuntersuchen lassen. Es wurde festgestellt, daß eine Hauptschraube in der eingesetzten Metallplatte fehlte.

»Ach, laß man«, tröstete mich später ein Kollege, »in Paris kannst du froh sein, wenn sie dir überhaupt eine Schraube einsetzen.«

Gaby habe ich 1979 zuerst als Fan von mir wahrgenommen. Ich bemerkte bei meinen Auftritten stets dieselbe junge Frau, die mit einem Blumenstrauß auf dem Schoß in der ersten Reihe saß und wie wild applaudierte. »Mein Gott«, dachte ich. »Nun ist es schon soweit, daß ich mit meinen Fans gemeinsam auf Tournee gehe.«

Irgendwann haben wir uns dann kennengelernt. Ich weiß das gar nicht mehr genau, wie es war. Gaby wird das sicher besser wissen.

Gaby: »Ich bewunderte Evelyn, ging in ihre Konzerte und war sehr beeindruckt von ihr. Ich war als Teenager relativ fett gewesen, was mich damals sehr unglücklich machte, und ich bewunderte Evelyn, wie sie so ganz ungeniert mit ihren Pfunden wucherte, sie sogar noch spielerisch in ihre Show einbaute und sich über sich selbst lustig machte.

Dann kam ihr sechzigster Geburtstag, und ich gab schüchtern einen Strauß Tausendschönchen für sie in der Giesebrechtstraße ab. Als ich die Treppe wieder hinunterging, begegnete ich dem Sänger Charles Williams, den ich kannte. Der freute sich sehr, mich zu sehen und nahm mich einfach wieder mit hinauf.

Dort lernte ich Evelyn sozusagen privat und aus der Nähe kennen. Was mir gefiel und mich sehr beeindruckte, war der Unterschied zwischen der Evelyn auf der Bühne – ganz Vamp und Sirene – und der Evelyn, die auch an ihrem Geburtstag mit der Schürze vor am Kochherd stand und für ihre Gäste das Abendessen zauberte. Ihre Gastfreundschaft ist unbeschreibbar, und sie hat sich mitunter ja auch schon die dollsten Vögel eingefangen, aber sie war immer ganz souverän.

Ich war sehr beeindruckt, denn bei mir zu Hause ging es viel braver und bürgerlicher zu. Da gab es viermal im Jahr eine Geburtstagsfeier, die üblichen Feiertage – und das war es dann auch.«

Gaby kam dann öfter und eines Tages – meine Sekretärin Gudrun, die in meinen Shows auch den Ton betreute, hatte aus privaten Gründen Berlin verlassen –, guckte sich Gaby auf meinem Schreibtisch um, sah dort einen großen Haufen ungeöffneter Post liegen und fragte: »Macht hier eigentlich niemand die Briefe auf?«

»Wenn es Sie interessiert, machen Sie sie doch auf«, sagte ich. Seither ist Gaby meine Hilfe in allen technisch-bürokratischen Dingen. Sie hat Gudruns Sekretärinnenjob – privat – übernommen und ist mehr und mehr zu einem guten Geist in meinem Reich geworden.

»Ich hatte mir Evelyn oberflächlicher vorgestellt. Vielleicht nett für einen Abend, aber ich dachte, daß ich ihr sonst sicher ganz gleichgültig wäre, weil ich mit ihrem Beruf so gar nichts zu tun habe. Aber genau das ist der Punkt unserer Freundschaft: Sie erzählt mir von ihren, und ich ihr von meinen Sorgen. Wir sind einfach zwei gute Freundinnen, die nicht zwangsläufig im gleichen Job tätig sein müssen.«

*

Als Gaby dann regelmäßig zu mir kam, vor allem nach meinem Armbruch, machte sie bei mir in der Wohnung erst einmal Ordnung. Damals wohnte der kanadische Travestie-Star Craig Russell bei mir, der inzwischen an Aids gestorben ist. Er war durch den Film »Ausgeflippt« international bekannt geworden, der Liebling der Berliner Filmfestspiele, als der Film damals beim Festival gezeigt worden war. Danach hat er in den größten Konzertsälen und Theatern gastiert, doch der Erfolg hielt sich nicht lange. Mehr und mehr wurde er dann zu einem armen Hascherl, das froh war, überhaupt noch irgendwo ein Engagement zu finden. Ein tragischer Fall, der mein Herz gerührt hatte. Also war er bei mir eingezogen.

Meiner Wohnung sah man es in kürzester Zeit an, daß Craig Russell bei mir wohnte. Ich begann meine Großzügigkeit zu bereuen, brachte es aber nicht übers Herz, ihn auf die Straße zu setzen. Er hingegen machte keine Anstalten, sich eine Wohnung zu suchen. Es schien ihm bei mir ausgesprochen gut zu gefallen. Er hatte mitten im Zentrum Berlins Unterschlupf gefunden, und Kanada war weit weg. Ein Engagement, das ihn – wohin auch immer – geführt hätte, war nicht in Aussicht.

Als ich nun mit meinem gebrochenen Arm aus Paris zurückkehrte, nahm Gaby die Sache in die Hand. Sie räumte nicht nur in der Wohnung auf, sondern auch mit Craig Russell. Als ich sie unterbrechen wollte, weil sie gerade dabei war, Craig ein Ultimatum für seinen endgültigen Auszug zu stellen, sah sie mich streng an und meinte: »Du bist jetzt still. Sonst kriegst du ihn nie aus der Wohnung, und er wird eines Tages noch dein Nachmieter, wenn du gestorben bist!«

Gaby ist heute die Stütze meines Unvermögens. Eine andere Stütze und gute, enge, ja fast mütterliche Freundin, obwohl dafür viel zu jung, ist Marianne Augustin. Sie war die Sekretärin meines Vaters, als er Präsident und Mitbegründer des Deutschen Komponistenverbandes war. Sie hat für ihn alle lästige Angelegenheiten – vor allem die finanziellen – erledigt, und sie hat das auch für mich getan. Bis auf den heutigen Tag.

Sie kennt mein Bankkonto besser als ich – mit allen seinen Schwächen. Sie nimmt mir alle finanziellen Überlegungen ab, schnauzt mich manchmal am Telefon an, wenn ich ihrer Meinung nach (womit sie sicher recht hat) wieder zuviel Geld ausgegeben habe, mahnt mich zu Steuerzahlungen und paßt auf mich auf wie eine Glucke. Dabei könnte sie meine Schwester sein.

»Evelyn kann absolut nicht mit Geld umgehen. Am besten ist, man gibt es ihr gar nicht erst in die Hand«, ist ihre Meinung. Und damit liegt sie sicher nicht falsch. Ich kann nicht mit Geld umgehen, konnte es noch nie. Und Marianne achtet darauf, daß ich es nicht zu schlimm treibe. Dabei hatte sie in all den Jahren einiges auszubaden und auszubügeln.

Wenn ich sie anrufe und ihr sage, ich würde sie gern zum Essen einladen, da ich da ein Problemchen mit ihr zu besprechen hätte, meint sie ganz aufgeregt: »Es ist besser, wir erledigen das gleich am Telefon, als daß ich Zeit beim Essen mit dir vergeude. Es brennt doch sicher.« Auch da hat sie meistens recht.

Sie umsorgt mich wahrscheinlich mit einem lachenden und einem weinenden Auge. Manchmal denke ich, daß auch sie ganz gern einmal – wie ich – über die Stränge geschlagen wäre. Wenn auch nur ein kleines, kleines bißchen ... Doch wäre ich kaum die Richtige gewesen, ihr da zur Seite zu stehen. Immerhin gelingt es mir manchmal doch, ihr meine Zuneigung und Dankbarkeit zu zeigen. Und wenn sie sich noch so ziert und weigert – siehe oben!

Marianne Augustin kennt mich in allen Facetten meines Wesens – und zu allen Zeiten – am besten. Sie hat alle Hochs und Tiefs miterlebt, alle Irr- und Umwege, alle Träume und Sehnsüchte, alle Enttäuschungen und Erfahrungen. Und bei aller Zuneigung ist sie verschwiegen wie ein Grab. Wer glaubt, ihr eine Information über mich entlocken zu können, beißt auf Granit. Ihr äußerstes Zugeständnis war, daß sie auf eine diesbezügliche Frage einmal süßsauer, aber äußerst charmant dem Fragesteller antwortete: »Aber das weiß doch ganz Berlin, daß Evelyn nicht mit Geld umgehen kann. Da brauchen Sie doch nicht mich, um Ihnen das zu sagen.«

Marianne kennt mich natürlich auch aus der Zeit meiner

sogenannten Popularität, als ich noch ununterbrochen auf Tourneen unterwegs war, Schallplatten aufnahm wie Bäcker Brötchen backen oder im Filmstudio tanzte und sang. Und sie kennt auch meine fast verzweifelten Versuche, diesem Image der Schlagermieze zu entkommen, das mir jahrelang auch negativ anhing.

*

In der Berliner Künstlerkneipe von Gerda Kelch, in der oft junge Sänger und Musiker auftraten, lernte ich eines Tages zwei ungeheuer begabte junge Männer kennen: den Texter Mischa Mleinek und den Komponisten und Pianisten Michael Dress. Michael war damals blutjung, in seinen Zwanzigern, und er hatte für eine nicht minder blutjunge Schauspielerin, Barbara Morawiecz, die später bei Kurt Hübner, Klaus-Michael Grüber, Hans Neuenfels, Peter Palitzsch und B.K. Tragelehn an der Freien Volksbühne arbeitete, Ringelnatz-Gedichte vertont, die sie gemeinsam vortrugen. Barbara sang, Michael spielte Klavier. Ich war hingerissen. Vor allem von Michael. Von seinem Auftreten, seinem Flair, seinem Charme und seiner Musikalität.

Michael Dress, Jahrgang 1939, war am Johannes-Stift in Kirchenmusik ausgebildet worden und hatte eine Tanzausbildung bei Mary Wigman hinter sich. Er war ein Pfarrerssohn, sein Onkel war Friedrich Bonhoeffer, den er als Dreijähriger mit seiner Mutter im Gefängnis besucht hatte; Eindrücke, die ihn sehr belastet haben und die er nie ganz überwunden hat. Er war ein Nachtvogel, hochkünstlerisch, immer umgeben von interessanten Leuten, vor allem von sehr schönen Frauen. Er begleitete Ethel Reschke, Kate Kühl und Eva Busch bei ihren Gesangsauftritten am Klavier, und es dauerte nicht lange, da begleitete er auch mich.

Er schenkte auch mir seine Ringelnatz-Vertonungen, die

ich wie einen Schatz hüte und mitunter heute noch vortrage, wenn sich auch nie ein Produzent für sie gefunden hat. Lilo Tessmer-Osten, die mir später bei meinem Comeback so behilflich sein sollte, sagte zu mir, als ich ihr einmal diese Vertonungen vorspielte und vorsang: »Das ist das Beste, was ich je von Evelyn Künneke gehört habe. Wenn du nur das machst, bin ich dabei und versuche, dir behilflich zu sein.«

Später ging Michael nach New York, dann nahm er schließlich in London seinen Wohnsitz, wo er viel zu früh, erst 39 Jahre alt, an Leberversagen starb. Ich habe ihn in den siebziger Jahren noch einmal getroffen, als er, schon schwerkrank, eine Ausstellung seiner Bilder in Berlin eröffnete. Zur Vernissage erschien auch Ethel Reschke und feierte ein gerührtes Wiedersehen mit ihm.

1969 war Michael Gast der Berliner Filmfestspiele. Er hatte die Musik zu dem Wettbewerbsbeitrag »A Touch of Love« von Warris Hussein komponiert und hielt sich eine Woche lang in Berlin auf. Sofort wollte er mit mir einen Abend auf die Beine stellen, und wir probten drei oder vier Tage lang. Eine Freundin aus seiner Jugendzeit, die ich zusammen mit ihm und Barbara Morawiecz kennengelernt hatte, wurde auch mir eine gute Freundin: Renée, die später bei einem Abendessen bei mir den Journalisten Bernd Lubowski, den alle Lubo nennen, kennenlernte. Die zwei waren vom ersten Moment an ineinander verknallt und haben sich von der Minute ihres Kennenlernens an nicht mehr getrennt. Heute wohnen Reneé, die unter dem Namen Renée Schipp Kunstkritiken schreibt, und Lubo bei mir um die Ecke in der Clausewitzstraße. Wir haben die selben Geschäfte und denselben Tabaksladen.

Reneé sagte über den damaligen Abend, den Michael und ich – ganz privat in der Schöneberger Wohnung eines Freundes von Michael – veranstalteten: »Das war einer der großartigsten Abende von Evelyn. Michael spielte auf einem

Cembalo, wenn ich mich richtig erinnere, und Evelyn war in Top-Form. Der Abend hatte ein tolles Niveau, obwohl er ganz ad hoc, innerhalb weniger Tage, aus dem Nichts gezaubert wurde. Wäre dieser Abend damals öffentlich gewesen, hätte an diesem Abend Evelyns Comeback begonnen.«

So aber tourten Michael und ich damals über die deutschen Kleinkunstbühnen. Von Travemünde bis Darmstadt, von Wangerooge bis Baden-Baden. Die Einnahmen teilten wir geschwisterlich. Manche Leute hatten etwas anderes erwartet, wollten eher die Schlagermieze Evelyn Künneke erleben und nicht eine Chansonette mit Kunstanspruch. Andere waren begeitert, überrascht, daß ich auch so etwas konnte. Wie auch immer – damals waren wir wahrscheinlich mit literarischen Programmen dieser Art der Zeit voraus. Es fehlte einfach das Publikum. In den siebziger Jahren oder heute hätten wir es leichter gehabt. Aber auch die anderen Damen, die Michael Dress begleitete, hatten diese Schwierigkeiten. Die hohe Kunst einer Ethel Reschke, Kate Kühl oder Eva Busch waren immer Spezialitäten für Minderheiten. Nur damals waren sie noch minder als heute.

Dennoch war ich glücklich. Ich konnte mir beweisen, daß ich zu mehr taugte als zum »Mäcky-Boogie« oder »Egon«. Nichts gegen diese Lieder, aber ich war inzwischen ja auch keine unbeschwerte Zwanzigjährige mehr, die irgendwelche Gassenhauer gekonnt dahinschmetterte. Ich wollte ernstgenommen werden. Und dazu verhalfen mir zum Beispiel Michael Dress und Micha Mleinek.

Plötzlich nämlich gab es, Anfang der sechziger Jahre, wieder Cabarets in Berlin. Nicht nur politische wie die »Stachelschweine«, sondern auch literarische. Mischa Mleinek schrieb eine tolle Revue mit dem Titel »Schlagen Sie ruhig aus«, Michael Dress war für die Musik zuständig, und ich gehörte zum Ensemble, zeitweilig auch unterstützt von der herrlichen Ethel Reschke, die halb Berlin nach 1945 mit ihrem Lied »Mir ist heute so nach Hennecke, nach Hennecke zu Mut« verrückt gemacht hatte. Ethel war stets ein großartiger Kumpel und eine begnadete Komödiantin. Viel zu sensibel für diesen Beruf, für den man eigentlich ein Seelenkorsett aus Stahl brauchen würde, um ihn durchzustehen. Bei ihrer Aufnahmeprüfung für die Schauspielschule legte sie eine umwerfende Gretchen-Parodie hin – und war damit ein für allemal als Komikerin, mit stark erotischem Tick, abgestempelt. Aber zur vollen Größe lief sie im Zwischenbereich auf – dort, wo es auch tragikomisch wurde. Ihre Pleureusenmieze in Carl Zuckmayers »Hauptmann von Köpenick« – mit Werner Krauss auf der Bühne und mit Heinz Rühmann in Film – waren Sternstunden. Und wenn sie auf der Bühne stand und ihre Lieder trällerte, lange Jahre zusammen mit dem Kabarettisten Ludwig Manfred Lommel, war sie einfach einsame Spitze. Ihr Stimmband-Repertoire grenzte ans Unwahrscheinliche, reichte von zirpenden Kinder-Koloraturen bis zu rauhen Baßtönen, die sie nach Herzenslust aneinanderreihen konnte – grotesk und orginell wie kaum jemand.

Wir spielten unter anderem einen Sketch zusammen, der uns viel Spaß machte – zwei Frauen, die sich abends vor dem Eingang eines geschlossenen Warenhauses treffen und unvermittelt ins Gespräch kommen. Es stellt sich heraus, daß beide Angst um ihre Männer haben – und das zu Recht. Ethel spielte die Frau des Warenhaus-Nachtwächters, und ich war die Frau des Einbrechers, der im Warenhaus auf Tour ging. Die Frage war, wer herauskommen würde ...

In der Mleinek-Revue zeigte ich auch eine sagenhafte Soraya-Parodie auf die persische Landesmutter. Mit entsprechender Perücke trat ich auf, und schon bei meiner ersten Zeile »Hallo, Sankt Moritz – ich bin da« lag das Publikum unter dem Tisch. Von Sachen wie dem »Triebwagen«, mit dem ich gesanglich nach Italien fuhr, ganz zu schweigen. Eines Tages war Ethel krank, auch Hertha Maien. An diesem Abend wurde – wie schon berichtet – Trude Herr bei uns entdeckt, die tapfer als Ersatz einsprang.

Im Tingeltangel traf ich aber noch eine andere Kollegin, mit der ich bis heute eng befreundet bin, eine Schweizerin: Helen Vita.

»Eigentlich heiße ich Helena«, zirpte sie mir zu. »Wie die schöne Helena, die noch mit neunundvierzig Jahren den Trojanischen Krieg entfesselte. Und wie heißt du richtig?«

»Eva-Susanne.«

»Eva – die Mutter der Menschheit. Sehr erdverbunden. Was trinkst du?«

So begann unsere Freundschaft, die bis heute anhält. Erst vor wenigen Monaten habe ich Helens Gastspiel im Theater der »Wühlmäuse« besucht, wo sie – etwas älter und molliger geworden, genau wie ich – nach wie vor ihr Publikum bezauberte und auf die intelligenteste Weise unterhielt. Da macht es auch gar nichts, daß ich ihre Lieder inzwischen alle mitsingen kann, weil ich sie schon so oft gehört habe. Mir ist auch ein x-ter Abend mit Helen Vita hundertmal lieber, als das Programm irgendeines Möchtegern-Mannequins, das nicht weiß, wie man den richtigen Ton findet und deshalb immer nur Bla-Bla-Bla von sich gibt.

Womit ich nichts gegen nachgewachsene Generationen sagen möchte oder andere Gesangsstile. Nina Hagen finde ich herzerfrischend. Ihre Zarah-Leander-Version ist erstklassig und begeisternd. Aber Nina kann eben auch singen und nicht nur die Tonmischung bedienen. Mir gefallen auch die Lieder des Berliner Schauspielers und Sängers Klaus Hoffmann, der einen sehr eigenen Stil und eine ebenso eigenwillige, liebeskranke Sehnsucht zu Berlin äußert, die mich sehr anspricht. Aber von vielen anderen jungen Künstlern verstehe ich weder die Texte noch die Musik. Vielleicht liegt es ja auch an mir, wer weiß ...

Ich bewundere auch Caterina Valente, die ich seit ihrem

fünften Lebensjahr kenne. Kennen ist vielleicht übertrieben, sagen wir lieber, daß ich sie seit ihrem fünften Lebensjahr wahrgenommen habe. Ich habe sie, glaube ich, das erste Mal als Kind im Londoner *Palladium* erlebt, wo sie mit ihrer Mutter Maria auftrat. Später habe ich sie bei einer Tournee mit Kurt Edelhagen wiedergetroffen und auch bei Filmaufnahmen. Sie war gerade dabei, bekannt zu werden, ihre ersten Erfolge zu feiern, und ich sagte mir: »Eva-Susanne, jetzt kannst du einpacken und aufgeben. Da kommt deine Nachfolgerin, denn die wird dir die Show stehlen.«

Natürlich hat mir Caterina nicht die Show gestohlen, aber während es mit meiner Karriere langsam bergab ging, ging es mit ihrer steil bergauf. Und sie hat es verdient. Caterina ist ein Artistenkind, hat die Bühnenluft mit der Muttermilch eingesogen und ist einfach viel zu gut für den deutschen Schlagermarkt. Ist es immer gewesen. Auch heute noch.

Sie hat international bewiesen, was in ihr steckt. Sie hat mit den Größten der Branche, mit absoluten Superstars, zusammengearbeitet und war dabei nicht das letzte Rad am Wagen, sondern gleichberechtigte Partnerin.

Und sie ist trotz allem – wie übrigens alle wirklichen Künstler, denen es fast unangenehm ist, wenn man es ihnen einmal sagt – ein schlichter, herzensguter Mensch geblieben. Privat keine Spur von Super-Super-Star, kein hochnäsiges Wer-bist-du-denn?, kein Weggucken, weil man selbst nicht mehr im Rampenlicht steht wie einst, sondern genauso natürlich wie zu Beginn ihrer Weltkarriere.

In London waren wir einmal gemeinsam Babywäsche einkaufen. Das heißt, sie kaufte für ihren kleinen Sohn ein und mir fiel ein, daß meine Freundin Magda gerade Mama geworden war. Eine gute Gelegenheit also, als Patentante ein paar Geschenke mitzubringen. Caterina suchte gleich für uns beide aus – mit sicherem Blick und Instinkt für richtige Größen. Ich hätte da wie der Ochs vorm neuen Tor gestanden.

Auch Ilse Werner ist eine gute Feundin seit vielen Jahren. Ihr Image ist zwar stets ein ganz anderes als meines gewesen, aber wir haben mehr Gemeinsamkeiten, als manche Menschen glauben würden. Sie ist ein ähnliches Urviech wie ich, sie ißt und trinkt ebenso gern wie ich, ist sehr gastfreundlich und hat einen Humor, der meinem entspricht. Immer wenn wir uns begegnen, amüsieren wir uns aufs beste. Sie hat nur einen Tick, der mich auf die Dauer doch nerven würde – sie liebt Umzüge. Ich kenne niemanden, der so oft und offensichtlich gern umzieht wie sie. Ihr hingegen geht meine ständige Pafferei auf den Geist. So hat jede von uns ihre kleine, liebe Not mit der anderen, aber das schmälert unsere Sympathie zueinander keineswegs.

Ein Freund meines Vaters wurde auch mir zum Freund: Eduard Rhein, der mit meinem Vater zusammen die Operette »Traumland« geschrieben hat. Der »Hör-Zu«-Gründer, Erfinder, Ingenieur und Schriftsteller ist heute 91 Jahre alt, sieht aus wie allerhöchstens siebzig, und ich bin immer froh, wenn er mal wieder bei mir vorbeischaut und etwas Zeit für einen Plausch hat. Er verfügt über ein Superhirn, kann sich an Dinge erinnern, von denen ich überzeugt wäre, sie hätten nie stattgefunden, während er sich genau an alle Details erinnert. Ich bewundere ihn sehr, und für mich ist er ein ganz besonderer Mensch.

Er ist schon oft nachmittags zu mir gekommen, abends um zehn saß er immer noch da, und die Zeit war wie im Flug vergangen. Er raucht nicht, trinkt höchstens ein Glas Mineralwasser, und wenn er viel ißt, dann ein Viertel Blumenkohl. Er ist Vegetarier, und das muß zumindest ihm ausgesprochen gut bekommen.

Eduard Rhein ist auch ein sehr tapferer Mensch. Er lebt allein, hat aus seiner Homosexualität nie einen Hehl gemacht, auch in anderen Zeiten nicht, und ist wohl auch oft betrogen worden. Er macht auf mich manchmal einen sehr einsamen Eindruck, aber er ist viel zu stolz, um sich zu beklagen. Er ist von Kopf bis Fuß ein Herr, ein ganz seltenes Exemplar eines Menschen, dem ich mich für immer verbunden fühle.

In München traf ich in den fünfziger Jahren auch auf Stan Kenton, diesen Jazzer bester Coleur, der durch West-Europa tourte. Ich hatte keine Ahnung, daß Stan Kenton in Verlegenheit war, denn er suchte eine Sängerin mit der gleichen Stimmlage und Stimmfärbung wie seine Bandsängerin June Christy, die gerade dabei war, sich als Solostar selbständig zu machen.

So kam es dazu, daß Stan Kenton, seine Band und ich gemeinsame Sache machten. Drei Monate lang tingelten wir durch die Vereinigten Staaten, ich unter meinem alten Namen Evelyn King, der amerikanisch genug klang, um der Band zur Ehre zu gereichen. Es waren verrückte drei Monate, harte Arbeit, die aber durch viel Spaß aufgehoben wurde.

Dann war es ebenso schnell vorbei wie es angefangen hatte. Die Jungs von der Band fuhren ganz schön ab – nicht nur auf Alkohol, sondern auch auf Marihuana. Das wurde mir denn doch zu unbehaglich und ich kehrte zurück ins alte Europa.

Ich hatte Angst vor dieser Selbstverständlichkeit bekommen, dieser Lässigkeit, mit der da mit Drogen und Alkohol umgegangen wurde. Ich bin ja auch nicht gerade abstinent gewesen – zumindest was den Alkohol anging –, doch das war mir doch etwas unheimlich geworden.

Ich habe viele Kollegen erlebt, die sich mit Alkohol oder Drogen kaputt gemacht haben. Künstler – egal, ob sie schreiben, singen, Musik machen oder Theater spielen – sind eigentlich Sensibelchen, oftmals sehr scheue Menschen. Das mag in einem merkwürdigen Mißverhältnis zu ihrem ja doch öffentlichen Beruf stehen, aber je begabter der Künstler, desto sensibler, fast mimosenhaft ist er oft.

Künstler haben nicht nur Lampenfieber, sondern auch

eine Scheu vor der Presse, selbst vor ihrem Publikum. Sie stehen ungeheure Ängste aus, wenn sie sich vor Menschenmassen zeigen müssen – oft jedenfalls. Es ist nicht verwunderlich, wenn Künstler nach ihrem Auftritt nur Gutes erfahren wollen – eine ehrliche Kritik will kaum jemand hören, schon gar keine kritischen Anmerkungen. Die barmherzige Lüge wird gewünscht – sonst nichts. Und danach sitzt man mit Kollegen zusammen, freut sich des Erfolgs, und hoch die Tassen. Aus ihrer Introvertiertheit und Scheu heraus greifen viele Künstler zu Alkohol, Pillen oder Drogen. Nicht, weil sie hemmungslos sind, sondern aus Angst. So beginnt ein tragischer Kreislauf, der leider häufig in Sucht oder Tod endet.

Die schrillsten Popkünstler, die in den extremsten Verkleidungen die Bühne betreten, sind oft ganz brave, gehemmte Kinder. Wie die Punks, denen ich mitunter in Berlin begegnet bin. Egal, wie verwegen sie aussehen, spricht man sie an, sagt man ihnen, sie mögen doch bitte einer älteren Dame im Bus mal Platz machen – schwupp, benehmen sie sich wie gehorsame Internatsschüler. Alles nur Maske – bei den meisten jedenfalls.

So ist es auch bei vielen Künstlern. Harald Juhnke war immer schon ein Sensibelchen, nicht erst seit er durch das Fernsehen unser aller Harald wurde. Er hatte schon früher Alkoholprobleme, und erst, als er nach dem Tod von Peter Frankenfeld dessen Fernsehshow übernahm und weitere Sendungen hinzukamen, als er in alle Wohnstuben kam und zum deutschen Super-Harry wurde, wird jeder Schritt von ihm öffentlich kontrolliert. Natürlich hat er Angst, zu versagen, mal nicht so topfit zu sein, wie es von ihm erwartet wird. Natürlich macht er viel zu viel, aber wer will es einem Künstler verbieten, dem die tollsten Sachen angeboten werden? Aber die Art und Weise, wie eine gewisse Skandalpresse ihn jagt, nur auf seinen nächsten Ausfall zu warten scheint, ist doch sehr deprimierend. Schließlich muß man sich fragen, was den Juhnke denn eigentlich so beliebt macht – seine Sauftouren oder seine Entertainer-Auftritte.

Zur Flasche oder anderen Drogen greifen viele Künstler – wie andere Menschen auch – unbewußt. Man will nach einer Theatervorstellung gesellig sein, man spült die eigenen Ängste hinunter, es wird gefeiert. Aber plötzlich geht es nicht mehr ohne. Man hat Ängste, wenn man auf die Bühne oder vor die Kamera soll, wenn man sich Interviews oder Autogrammstunden stellt, wenn man Gast in einer Fernseh-Talkshow ist. Man trinkt sich Mut an ...

Ich habe viele Kollegen erlebt, die aus diesem Teufelskreis nicht mehr herausgekommen sind. Die meisten sind viel zu jung abgetreten, auf der Höhe ihres Ruhms, ausgebrannt und ausgezehrt, aufgefressen von Angst vor dem, was sie sich mehr ersehnt haben als alles andere – Scheinwerfer, Ruhm, Applaus ...

Auch Hans Albers war im Grunde ein scheuer Mensch, der sich über sein »Hoppla, jetzt komm ich«-Image am allermeisten wunderte. Er war sehr sensibel, sehr feinfühlend, so gar nicht der Großkotz mit wasserblauen Augen und Hakennase, der »Sieger«, als der er durch seine Filme bekannt wurde.

»Weißte, Mädel«, sagte er einmal zu mir. »Damals, noch lange vor der ganzen Filmerei, in dem kleinen Theaterchen, in dem ich alles gespielt habe, was verlangt wurde, da war ein Kollege, der hatte es – diese Begabung, dieses Genie. Der konnte alles. Mensch, hab ich den beneidet. Dem konnte ich stundenlang zusehen und kam aus dem Staunen nicht heraus. Der wird ein Weltstar, sagte ich mir. Aber der liebe Jott hat ihn nicht erweckt. Mich hat er ausgesucht, und ich weiß beim besten Willen nicht warum – nur wegen meiner blauen Augen?« Und dann kippte er sein Glas in einem Zug.

Zu seinem 100. Geburtstag bin ich in Hamburg am Hans-Albers-Platz aufgetreten, selbstverständlich, denn Hans Albers war – na eben Hans Albers.

Und Helmut Qualtinger! Mein lieber Wiener Freund, dieser geistreiche Grantler, ewig vom Weltschmerz befallen. Kein Wunder, wenn er tief ins Glas guckte, um das ganze Ungemach der Welt hinunterzuspülen, das nur dazu da war, ihn höchstpersönlich zu treffen und zu verfolgen. Manchmal empfinde ich es als große Ungerechtigkeit, daß ausgerechnet diese Menschen mit ihren großen Herzen, ihren starken Selbstzweifeln und ihrer immensen Begabung so durchs Leben stolpern müssen.

Qualtinger kenne ich seit meinen Wiener Zeiten in den fünfziger Jahren. Wir waren die allerbesten Freunde und haben manchen Streich miteinander ausgeheckt. Manchmal auch gegeneinander. Aber wir haben es gegenseitig nie krumm genommen. Er war ein großes Kind, das immerzu bemuttert werden mußte – und mir fiel, wie auch vielen anderen Menschen in seiner Umgebung, diese Rolle zeitweise zu. Rein freundschaftlich allerdings, was meine Person betrifft.

Oft zogen Qualtinger, ich und eine ganze Horde guter Freunde ohne einen Pfennig in der Tasche nachts durch Wiener Lokale. Ging es dann ans Bezahlen, erzählte Qualtinger einen Witz oder trug ein neues Gedicht vor. Manchmal sang ich auch ein Lied dazu.

Es war eine herrliche und verrückte Zeit, damals in Wien. Einmal trommelte Qualtinger die gesamte Wiener Presse zusammen und verkündete, daß am nächsten Tag ein berühmter Eskimodichter inkognito nach Wien käme. Alle Presseleute waren am nächsten Tag am Flughafen, und Qualtinger, in einen dicken, warmen Pelz gehüllt, gab unglaubliche Interviews als Eskimo, die am nächsten Tag nachzulesen waren.

Auf die Frage, weshalb er nach Wien gekommen sei, antwortete der falsche Dichter: »Um die Wiener Eisrevue zu sehen!« Die lokalstolzen Journalisten waren tief beeindruckt. Mit dem Schauspieler Rolf Wanka war ich Trauzeugin, als Helmut Qualtinger zum ersten Mal heiratete. Wir waren damals völlig pleite und hatten kaum Geld für einen Blumenstrauß. Rolf Wanka geleitete Mädy, die Braut, ich hielt Qualtinger am Arm fest, der schlotternd und völlig entnervt, als ginge es zur Hinrichtung, zur Trauung schritt. Schritt? Quatsch! Er wurde geschoben, getragen, gezerrt.

Die Überraschung stand am nächsten Tag in den Zeitungen: »Die Schlagersängerin Evelyn Künneke, Tochter des Operettenkomponisten Eduard Künneke, heiratete in Wien in aller Stille den Schauspieler Rolf Wanka. Trauzeugen waren das Ehepaar Helmut und Mädy Qualtinger.« Auch das war einer von Helmuts Streichen.

*

Zu der Zeit gab es noch einen anderen Helmut in Wien, der mir allerdings näherstand und ebenfalls auf die Liste meiner tragikomischen Liebesgeschichten gehörte: Hellmut – mit Doppel-L, bitte schön – Ashley, Kameramann und später auch Filmregisseur. Als Kameramann hat er mich fotografiert, als Filmregisseur nicht mehr eingesetzt.

Ich stand für den Film »Verlorene Melodie« in Wien vor der Kamera. Vor seiner Kamera. Alles begann damit, daß wir uns nicht ausstehen konnten. Er schikanierte mich offensichtlich, und ich zahlte es ihm heim. Begreife das, wer will, aber je mehr wir uns triezten, desto mehr schlug mein Herz für ihn. Der ist nicht zu erobern, dachte ich, hoffte aber trotzdem auf das Gegenteil.

So ging das während der ganzen Drehzeit hin und her, dann schlossen wir offiziell einen Friedenspakt, handelten einen Waffenstillstand aus. Bei der Gelegenheit erfuhr ich, daß Hellmut Ashley mit der Schauspielerin Doris Kirchner verlobt war. Das löste zwar nicht mein Problem, legte mir aber doch Beschränkungen auf. Immerhin lernte ich Doris Kirchner während meines Wien-Aufenthalts kennen, und sie war mir sofort sympathisch. So verlor ich zwar eine Liebe, gewann aber eine gute Freundin in Wien.

Es gibt eine ganze Menge Leute, die der Meinung sind, bei mir handele es sich um das egozentrischste und eigennützigste Wesen unter der Sonne, das immer nur an sich denkt und gar nicht fähig ist, auf andere Menschen einzugehen.

Dem ist natürlich nicht so. Vielleicht erwecke ich durch meine manchmal etwas forsche Art diesen Eindruck, aber im Grunde sehne ich mich genauso nach Freundschaft wie jeder andere. Es hat immer wieder Menschen in meinem Leben gegeben, für die ich ein guter Freund sein konnte, was mich sehr glücklich machte. Und ich habe, gottseidank, einen engen Kreis von Menschen, die mir sehr nahe stehen.

Einige habe ich schon erwähnt. Aber da gibt es auch noch Heiner Schenz nachzutragen, den ich zu jeder Tages- und Nachtzeit anrufen kann, wenn es nötig sein sollte. Als ich nach meinen Operationen in der ersten Zeit gehbehindert war, ist er mit mir spazierengegangen oder hat mich in seinem Wagen zum Flughafen gefahren, wenn ich zu einem Engagement mußte. Er ist stets rührend besorgt, und es macht ihm auch nichts aus, bei größeren Partys in meiner Wohnung den Maître de Plaisir zu spielen. Umsichtig wie er ist, fühlt er sich für das leibliche Wohl meiner Gäste zuständig, füllt Gläser nach und hat für alles einen umsichtigen Blick.

Und Jürgen Hartmann in Hamburg, der mir einige meiner besten Auftrittskleider geschneidert hat – auch in der Zeit, als ich noch nicht als »Deutschlands heißeste Oma« über die Kleinkunstbühnen flitzte. Oft war er an meiner Seite, mit Rat und Tat, und wenn ich mein moralisches Tief hatte, weil etwas nicht so gelaufen war, wie ich es mir gewünscht hatte, verstand er es immer, mir durch seine Gegenwart die trüben Gedanken zu verscheuchen.

Und schließlich Tomas Friedrich, der Sohn meiner so früh gestorbenen Freundin Waluscha Friedrich, einer Malerin aus

Ost-Berlin, die Mitte der siebziger Jahre mit ihrem Sohn und ihrem Freund Michel in den Westen getürmt war. Tomas hat bald angefangen, für mich sehr originelle Texte zu schreiben, die inzwischen längst zu meinem Repertoire gehören. Auch das Lied zu meinem siebzigsten Geburtstag stammt von ihm – in Anlehnung an den Curd-Jürgens-Hit »Sechzig Jahre und kein bißchen weise.« Tomas, seine Frau Martina und die beiden kleinen Kinder, sind mir eine sehr lieb gewordene Familie. Anläßlich meines Geburtstags in diesem Jahr hat Tomas mich mit einem Video-Porträt von mir überrascht, das er aufgenommen hat. Wer weiß, vielleicht wird er noch für manche Überraschung sorgen ...

Waluscha, seine Mutter, war die Tochter von Hedwig Mosler, die im Haushalt meiner Mutter tätig war. Hedwig Mosler war absolut nicht das, was man eine Putze nennt – sie hatte ein riesengroßes Herz, war ein grundanständiger Mensch und von großer Hilfsbereitschaft. Durch sie lernte ich ihre Tochter Waluscha kennen, mit der ich mich auf Anhieb verstand. Der Mauerbau 1961 trennte uns, bis es Waluscha gelang, in den Westen zu fliehen.

Natürlich wohnte sie erst einmal bei mir, richtete sich ein, mußte West-Berlin kennenlernen und sich zurechtfinden. Später hat sie eine Künstlerkneipe aufgemacht, kam aber gegen die Übermacht der damaligen Discos nicht an. Die Kneipe machte pleite, und wir eröffneten gemeinsam das *John-John* in der Wielandstraße. Tomas machte den Discjockey, ich trat manchmal dort auf und Waluscha stand hinter der Theke. Leider konnten wir auch dieses Lokal nicht halten. Waluscha hatte überhaupt kein Talent in finanziellen Dingen, ich sowieso nicht, und der Laden wurde auf Dauer einfach zu teuer. Aber immerhin erinnere ich mich an einen meiner Auftritte dort, als auch Truck Branss unter den Gästen war, der anschließend mit einem Riesenblumenstrauß zu mir kam und sich vor Begeisterung kaum noch halten konnte.

Manchmal machten wir auch nur für uns zum Spaß Musik. Einmal verulkten wir »Ich bin nur ein armer Wandergesell« aus »Der Vetter aus Dingsda« in allen möglichen Musik- und Gesangsstilen. Als Tomas plötzlich ganz ernsthaft fragte, ob wir es nicht ein bißchen zu weit treiben würden, schließlich sei es doch eines der berühmtesten Lieder meines Vaters, vielleicht sogar ein Operetten-Klassiker, antwortete ich ihm mit einem Spruch meines Vaters: »Es ist mir ganz egal, ob sie den ›Armen Wandergesell‹ als Rumba, Samba oder Cha-Cha-Cha spielen – Hauptsache, sie spielen ihn.«

*

Musik lag immer in der Luft. Wo ich auch war. Auch in der großen Wohnung in der Giesebrechtstraße, in der ich aufwuchs, in der ich lebte, als mein Vater starb, als meine Mutter starb, als ich verheiratet war und wieder geschieden wurde, in der ich noch immer lebe, obwohl sie jetzt auf Wunsch des neuen Hauswirts in eine Eigentumswohnung umgewandelt werden soll.

Als ich feststellte, daß es plötzlich keine Filmangebote mehr gab, daß die Engagements weniger wurden, daß der Rundfunk und das Fernsehen offenbar nicht an mir interessiert waren, verstand ich zwar die Welt nicht ganz, aber gab doch die Musik nicht auf. Ich suchte mir jetzt selbst die Orte, an denen ich auftreten wollte, das Publikum, das mich hören wollte. Und ich versuchte, eine ganz neue Evelyn Künneke zu präsentieren.

Da paßte es gut, daß just zu dieser Zeit drei Männer an meiner Wohnungstür klingelten, die mir dabei behilflich sein wollten: Helmut Qualtinger, der Jazzklarinettist Fatty George, einer der besten Jazzer Europas und ein guter Freund von Qualtinger, und Hans C. Artmann, Poet aus Wien, Verfasser einiger böser Kinderlieder, die Qualtinger auch schon für eine Schallplatte aufgenommen hatte.

Wahrscheinlich hatten zumindest Qualtinger, mit seinem bitterbösen Programm »Der Herr Karl«, und Artmann, mit seinen nicht minder hintersinnigen Texten, die sicher nicht allen Wienern gut verdaulich im Magen lagen, die Donau-Metropole aus gutem Grund verlassen, denn es war zu befürchten, daß ihnen aus den eben genannten Gründen zumindest eine Tracht Prügel von einigen Einheimischen sicher gewesen wäre. So hatten sie sich Berlin als vorübergehendes Exil erkoren – und ließen es sich am großen Eßtisch bei mir erst einmal schmecken. Prompt wurden schon wieder Pläne geschmiedet.

»Lintschi«, meinte der Qualti, »was sitzt du hier herum und fragst dich, was du machen sollst? Singen sollst du, was sonst! Laß uns was zusammen machen, das wird bombig.«

Ich dachte an seinen Eskimodichter, an meine »Hochzeit« mit Rolf Wanka und seine anderen Schwänke, aber auch daran, daß ihm bei seiner überbordenden Phantasie schon genau das Richtige einfallen würde, um mich auf Trab zu bringen.

Ihm fiel etwas ein. Wir saßen mit Papier und Bleistiften ausgerüstet am großen Eßtisch und dichteten. Fatty hatte seine Klarinette dabei, da stand das Klavier, und spät in der Nacht zogen wir von den Stühlen im Eßzimmer in den flauschigen Sessel in der Bibliothek meines Vaters um – mit Papier, Bleistiften, Wein oder Bier.

So entstand ein gutes Dutzend Ritterlieder mit höchst zweideutigen Texten. Wir schmückten sie mit coolem Barock-Jazz und behaupteten, die Lieder seien von dem berühmten Wiener Dichter H.C. Artmann, aus dem Mittelhochdeutschen übersetzt worden. Artmann ausschließlich mit der Klärung des Unterschieds zwischen Wein- und Bierflaschen beschäftigt, stimmte zu.

Nun wurde eine Lokalität gesucht, in der wir unsere Raritäten präsentieren konnten. Fatty entdeckte das *Tingeltangel* am Kurfürstendamm, in dem Willi Schaeffers 1958 schon mal

Unterwegs, unterwegs: Nein, das ist nicht Zarah Leander, sondern ich mit schwarzer Sonnenbrille. Meine Fans haben mich offensichtlich erkannt, und ich schrieb mir die Finger wund. Mache ich übrigens heute noch – und gern! Unten links bin ich mit Ethel Reschke im Kabarett *Tingeltangel* in einem Sketch, rechts mit Bruno Arno, dem Bruder von Siegfried Arno, in »Maske in Blau« im Neuköllner Europa-Palast. Die Rolle einer südamerikanischen Kneipenwirtin war extra für mich umgeschrieben worden.

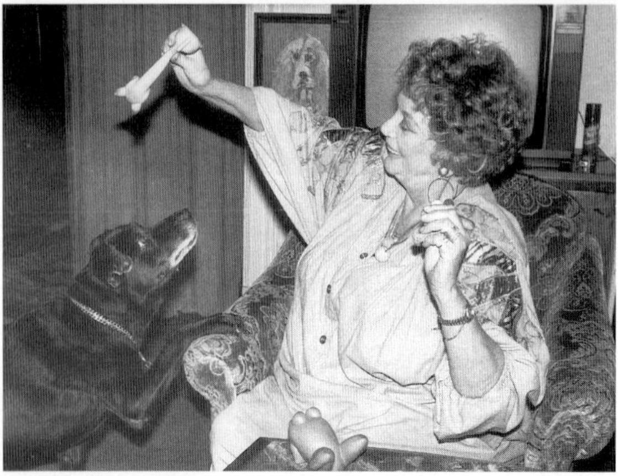

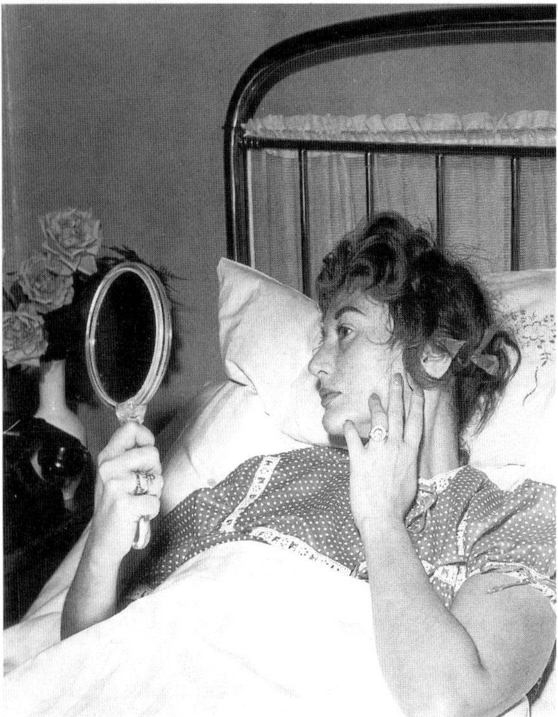

Hier frißt mir mein heutiger ständiger Begleiter aus der Hand – genau wie seine Vorgänger: Blacky, mein Liebling, Bewacher und eifersüchtiger Galan (oben). Zu Tieren hatte ich immer ein gutes Verhältnis – auch zu Pferden. Oben rechts bin ich von einem Fan erkannt worden, als ich vom Segeln kam. Und unten links – na ja, da werfe ich bei einem meiner vielen Krankenhausaufenthalte einen kritischen Blick in den Spiegel …

ie Show geht weiter:
uch Pit Weyrich und
ddie Constantine
ben rechts) konnten
ıne mich nicht aus-
ımmen. Und zwei
ollegen, die gute und
ıge Freunde von mir
aren: Zarah, die wun-
ervolle, die ich nach
ıhr und Tag in den
ebziger Jahren wie-
ertraf. Und Helmut
ualtinger, der Erz-
ımödiant, Kabarettist
ıd Freund fürs Le-
en, zu jedem Schaber-
ıck bereit und viel zu
ih gestorben. Auf
em Foto, das in mei-
er Wohnung ent-
and, lehnt er sich
rade wohlig nach
em Verzehr der
önigsberger Klopse
rück, die ich für ihn
kocht habe . . .

Mein Comeback kündigt sich an. Frankfurt am Main in den siebziger Jahren: Gemeinsame Show mit Peter Schneider und Tally Brown, dem Wonneproppen aus der New Yorker Andy-Warhol-Fabrik (oben). Und dann schließlich *Onkel Pö's* und auf dem *Schiff* in Hamburg:

Mit Tschisslaweng und mit Tralala, ich war kurz weg und bin wieder da ... Und wie mal im Seemannskittel und mal als Glitzer-Vamp mit Boa.

s hat immer Men-
nen in meinem
ben gegeben, auf die
mich verlassen
nnte, die mir gehol-
n haben und die mir
r Seite gestanden
ben. Hier sind eini-
: Mein Freund Pit
ben links), Ernie
inhardt, besser be-
nnt als Frau Wan-
rs aus dem *Schmidt-*
eater in Hamburg –
llege, aber auch
eund (oben Mitte),
lda Gläser in großer
ske für die »Drei-
schenoper« (oben
hts), meine Freun-
Gaby mit mir beim
ffeeklatsch (Mitte)
d Lilo Tessmer-
ten (unten Mitte),
ammen mit Greta
ller (links).

Und dann geriet ich unter die deutschen Jungfilmer: Rosa von Praunheim (oben) wa die erste in einer langen Reihe neuer Bega bungen, die mich vor die Kamera holten ur mich ganz entgegen meinem früheren Image einsetzten. Au dem unteren Foto bin ich mit Rosa und mei nen Partnern (ganz links Frank Ripploh alias Peggy von Schnottgenberg (in d Mitte Millie Büttner) bei den Dreharbeiten zu »Axel von Auersperg«. Ich spielte ein Bischof, die Rolle wurde für die Fernseh ausstrahlung herausg schnitten, und ich wa in aller Munde. Auf dem mittleren Foto bin ich zusammen mi Rainer Werner Fassbinder im Gespräch, einem anderen meine Regisseure, der Rosa Intimfeind wurde …

d das bin ich heute: ·bzig Jahre jung – d noch immer dabei. · mit meinen Shows ·tos rechts), wo ich ı Brecht, Brel bis ·y singe, was mir ge- ·t, und es anschei- ıd auch immer noch ·inem Publikum ge- t – oder als Schau- ·elerin: oben in dem ıakter »Langusten«, : dem ich in ver- iedenen Städten tierte, und bei den

Proben zu »Der Vetter aus Dingsda« (unten), der Operette meines Vaters, in der ich in Altenbrak in der ehemaligen DDR auf der Freilichtbühne die Tante Wimpel spielte – trotz meiner Gehbehinderung …

Sing, Evelyn, sing: Das ist mein Leben, meine Fanfare, abgeleitet von jenem Lied, das seit rund fünfzig Jahren zu mir gehört, obwohl es gar nicht für mich geschrieben wurde. Und ich – ich singe weiter. Solange es noch geht, solange es mir noch Spaß macht, solange ich noch meine Texte behalten und den Rhythmus in mir habe – und solange mein Publikum mich sehen und hören will …

baden gegangen war. Doch ein Omen dieser Art konnte uns doch nicht schrecken!

Tapfer schritten wir zur Pemiere. Ausgerechnet im August, wo sich halb Berlin aus dem Staub gemacht hatte und in den sonnigen Urlaubssüden gerast war. Dennoch – wir wollten es wissen. Wir sollten es sehr schnell wissen.

Am Premierenabend gab es jede Menge Blumen und Applaus. Alles schien bestens zu verlaufen. Doch am zweiten Abend kam schon kein Mensch mehr. Genau wie zuvor mit Michael Dress – die Zeit war noch nicht reif. Was wir machten, war ein Spezialitäten-Programm, mit dem man zwar für einen Abend irgendwo auftreten kann und dafür auch das Haus voll bekommt, mit dem man aber nicht eine Woche en suite auftreten konnte. Jedenfalls damals nicht.

Ich schickte mich drein. Fatty George schleppte mich zur Aufmunterung in eine andere Musikkneipe, die er entdeckt hatte, in die *Jazzgalerie* an der Bundesallee. Dort fühlte ich mich sofort zu Hause. Da wurde geswingt, was das Zeug hielt, da gab es alle Jazz-Variationen rauf und runter, da war ein begeistertes Publikum, da traf ich Musiker, die ich bald noch besser kennenlernen sollte, da gut die Hälfte von ihnen irgendwann einmal zeitweise bei mir wohnte.

Die *Jazzgalerie* habe ich auch gemalt. Es ist eines meiner ersten Bilder, auf das ich ganz besonders stolz bin. Ich habe monatelang Studien betrieben und mich dann ganz naiv daran gewagt, die Stimmung dieses Lokals einzufangen. Es hängt in meiner Wohnung an der Wand – in matten, dunstgeschwängerten Farben, ganz so wie es damals in der *Jazzgalerie* ja auch war. Viele Menschen, die zu mir kommen, sind von dem Bild fasziniert, und ich bin – zugegeben – stolz, wenn ich für dieses Bild gelobt werde.

Ich halte mich nicht für ein Maltalent, aber Malen beruhigt, entspannt und macht Freude. Ich habe das Malen in der Zeit entdeckt, als ich nichts anderes zu tun hatte, höchstens einmal im Monat irgendwo einen Gala-Auftritt absolvieren mußte. Ich entdeckte, daß ich Freude am Malen hatte, suchte mir Motive und gestaltete meine Bilder ganz aus meinem Inneren heraus. Viele erzählen von meinem Seelenzustand in der Zeit, als ich sie malte. Andere spiegeln Momente der Zeit wider. Und noch andere sind einfach Porträts von Freunden, wie von dem Dichter Robert T. Odemann, der sich wünschte, ich möge ihn mit einem Pferdekopf malen. Ich habe auch den Regisseur Jürgen Roland porträtiert. Er war einer der wenigen, der mir in der Zeit vor meinem Comeback eine Rolle in einem Krimi anbot, den er drehte – eine Klofrau. Ich kann zwar nicht behaupten, daß ich dadurch in das ersehnte Charakterfach eingestiegen wäre, aber es hat mir damals gut getan, daß jemand an mich glaubte.

Das war gar nicht so selbstverständlich, und ich bewundere Jürgen Roland noch heute für seinen Mut und die Kameradschaft, die er bewiesen hat. Ich galt damals als nicht mehr aktuelle Schlagermieze. Als Schauspielerin nahm mich kaum jemand ernst, obwohl ich ja auch – zum Beipiel in Wien – dramatische Rollen im Englischen Theater gespielt hatte. Aber das zählte nicht. Das war alles weit weggewesen, wurde schon in München kaum mehr zur Kenntnis genommen, geschweige denn in Berlin oder in Hamburg. Dafür – auch als Dank für seinen Glauben an mich – habe ich Jürgen Roland gemalt.

So naiv und persönlich ich meine Malerei empfinde, so sehr habe ich auch, vor allem in den sechziger Jahren, die Malerei eines naiven Malers wie Kurt Mühlenhaupt bewundert, der heute längst seinen Zutritt in die hehren Kunsttempel gefunden hat, damals seinen Lebensunterhalt aber als Trödler in Kreuzberg verdiente und seine Bilderken, wie er sie nannte, für ein paar Mark nebenbei mit verkaufte.

Der Kreuzberger Kiez galt damals als Künstlerviertel, und in den frühen sechziger Jahren lebten dort tatsächlich bildende Künstler, die sich in der *Kleinen Weltlaterne* bei Hertha

Fiedler, dieser patenten Künstlerwirtin aus Sachsen, einfanden und ihre Biere, Schnäpse und Schmalzstullen oft mit Bildern bezahlten. Außer Mühlenhaupt gehörten Maler wie Märchen, Friedrich Schröder-Sonnenstern, dessen Werke von Henry Miller und Billy Wilder geschätzt und gesammelt wurden, Sigurd Kuschnerus oder Schriftsteller wie Günther Bruno Fuchs und Robert Wolfgang Schnell dazu.

Sigurd Kuschnerus, dieser hervorragende Berlin-Chronist, gehörte öfter zur Runde von Freunden und deren Freunden um den Eßtisch in meiner Wohnung, und er hat mir eigentlich das schönste, weil ja auch professionellste Kompliment, über meine Bilder gemacht. Er sagte: »Evelyn, du malst aus dem Herzen heraus. Was anderes machen wir auch nicht!«

Ab und zu hat er sich meine Arbeitsergebnisse angesehen, mir auch einen Tip gegeben, und manchmal war er ganz aufgeregt, wenn er meine bescheidenen Versuche sah, Berliner Landschaften und Architekturen zu gestalten. Vor dem einen oder anderen Bild hielt er dann doch inne, überlegte, wo ich dieses oder jenes Motiv wohl gefunden haben könnte, und war glücklich wie ein kleines Kind, wenn er es erraten konnte.

Ich male meine Bilder auch zur Freude meiner Freunde. Mitunter verschenke ich eines zum Geburtstag oder zu Weihnachten, wenn ich weiß, daß jemand an einem Bild besonders hängt. Mitunter verkaufe ich auch, oder stelle ich in der einen oder anderen Galerie aus. Die Malerin Irene Müller, die durch ihre phantastischen Traumbilder bekannt wurde, hat kurze Zeit bei mir gewohnt, und ihre Gegenwart hat mich sehr inspiriert. Auch Irene ist eine Künstlerin, die mir neidlos den einen oder anderen Tip gab.

Ich habe mich auch selbst gemalt – mit meinen beiden Jungregisseuren im Hintergrund, Rosa von Praunheim und Rainer Werner Fassbinder, denen ich eng verbunden war, und die sich nicht ausstehen konnten. Rosa habe ich außerdem noch zweimal porträtiert – einmal als Akt und einmal in typischer Montur mit Lederjacke und Jeans, als sei er der schönere Bruder von Marlon Brando. Ich male auch heute noch – Straßen-Impressionen und Berliner Plätze, natürlich auch meinen Hund Blacky, meinen heutigen ständigen Begleiter.

*

Blacky ist ein Erbe von Waluscha, den ich nach ihrem Tod zu mir genommen habe. Ihre drei Söhne konnten den Hund nicht halten, weil ihr Mietvertrag das verbot, also nahm ich Blacky zu mir. Er war ja schon an mich gewöhnt, denn Waluscha hatte mit ihm bei mir gewohnt.

Blacky ist heute meine ganze Freude. Nicht nur Wachhund, sondern auch Freund, Komplize und Begleiter. Manchmal allerdings schlägt er doch über die Stränge. Ganze Hühner verschwinden aus dem Kochtopf, wenn ich nicht aufpasse, und es ist ihm auch schon gelungen, ein weiteres aus der Kühltruhe zu mopsen. Er frißt sie total auf, sogar die Knochen, aber es macht ihm – gottlob – nichts aus. Einmal hat er sogar Knochen aus einem zugebundenen Müllsack geklaut. Die Tüte war völlig zerfetzt, der Müll in der Küche verstreut – und die Knochen? Ratzeputz weg!

In der *Jazzgalerie* lernte ich Carmell Jones kennen, den urkomischen amerikanischen Jazztrompeter, der gleich mit seiner österreichischen Freundin Christine bei mir einzog. Andere folgten: Schlagzeuger Kenny Clarke, der früher einmal beim Modern Jazz Quartett gewesen war, Leo Wright, Lou Bennett, Billy Mitchell – und schließlich auch Eugen Cicero, der Klavier-Wunderknabe aus Rumänien, der in Fattys Combo spielen sollte, und der mit seiner ersten Langspielplatte »Rokoko Jazz« bei uns bekannt wurde.

Meine Wohnung glich einem internationalen Flüchtlingslager und ich war die Mutter vons Janze. Ich kochte, kaufte ein, besorgte den Haushalt, sorgte für Speis und Trank. Und wenn es uns nach endlosen Diskussionen über die Schlechtigkeit dieser Welt – und vor allem der Musikbranche, die uns alle längst nicht so förderte, wie es unserem Genie entsprach – dann doch zu langweilig wurde, zogen wir durch die Berliner Nächte.

Zum Beispiel in die *Badewanne*, früher einer der besten Tanzschuppen Berlins, eine erstklassige Adresse für Teenager, die Rock'n'Roll kennenlernen wollten, jetzt eine gute Adresse für Jazz-Freunde. Die Brüder Hans und Harry Rettenbacher traten dort auf, und Harry zog – samt Freundin Monica – ebenfalls bei mir ein. Später sind Harry und ich sogar in einer Fernsehshow gemeinsam aufgetreten – unsere Wege haben sich immer mal wieder gekreuzt. An einem heißen Sommerabend trat Harry in der *Jazzgalerie* auf, und da es ihm zu heiß wurde, zog er sich – ohne Ansage und ohne besonderes Aufsehen – splitternackt aus und spielte weiter. Das ist Berlin ...

Zwischen all diesen Musikern hatte es mir der scheue Rumäne mit den großen Knopfaugen sofort angetan. Es war mal wieder passiert – ich war bis über beide Ohren verliebt, wieder in einen Pianisten, und wieder wurde ich auf Sparflamme gehalten.

An Eugen Cicero scheiterte meine Ehe. Ich glaubte, frei sein zu müssen, um ihn nicht den Seelenqualen auszusetzen, eine Liebelei mit einer verheirateten Frau zu haben. Und ich wollte meine Gefühlswelt ebenfalls nicht teilen. Ich wollte nicht lügen, nicht betrügen, sondern klare Fronten.

Das waren meine Probleme und mein Standpunkt. Cicero hatte aber noch ein anderes Problem. Er war ebenfalls verheiratet. Und wollte es wohl auch bleiben.

Der Mini-Skandal war voraussehbar. »Evelyn Künneke läßt sich scheiden, um ihren Pianisten Eugen Cicero zu heiraten«, stand in der Zeitung.

Ich dementierte sofort: »Eugen Cicero ist mein Pianist und sonst gar nichts. Bestenfalls könnte ich seine Mutter sein.«

Prompt machte eine andere Zeitung daraus: »Ich bin doch keine Kinderschänderin.«

Sensibelchen Eugen ging das an die Nerven. Soviel öffentliche Aufmerksamkeit wollte er nun doch nicht. Jedenfalls nicht über sein Privatleben.

Schließlich redete er sich ein, daß seine Hände so zitterten, daß er nicht mehr spielen könne, daß er nicht mehr mit mir auftreten könne, daß er mich nicht mehr musikalisch begleiten könne. Aber dann konnte er es doch wieder.

So ging es ewig hin und her. Ich hatte mich wieder einmal in meinem eigenen Gefühlsnetz verfangen, spielte die Unnahbare, wenn Eugen in der Nähe war, sehnte mich aber nach ihm, wenn er fort war. Jeden sachlichen Anruf seinerseits wertete ich als Liebeserklärung, jeden Ausbruch von ihm als Beweis seiner Leidenschaft. Wir konnten die besten Kumpel füreinander sein, uns aber auch das Leben zur Hölle machen, wenn wir es darauf anlegten. Mitunter spielten sich unsere kleinen oder größeren Szenen auch öffentlich ab. Das Publikum glaubte stets, unsere kleinen Plänkeleien seien die Übergänge zum nächsten Lied.

Als ich eines meiner Lieder sang, merkte ich plötzlich, daß Eugen zu spielen aufgehört hatte.

»Warum spielen Sie nicht, Herr Cicero?« fragte ich ihn, ganz Star, ganz von oben herab.

»Warum soll ich spielen, wenn Sie so laut brüllen?« gab er zurück und starrte mich an.

Ein anderes Mal, als ich die »Jiddische Mamme« im Programm hatte, sagte er vorher zu mir: »Wenn Sie sich wieder eine Träne abdrücken, verlasse ich das Klavier.«

»Machen Sie nur«, konterte ich. »Es wird niemandem auffallen.«

Meine Freunde, die auch seine Freunde waren, versuchten

mich aufzufangen, so gut es ging. Aber ich war nicht aufzuhalten. Ich stürzte mich in diese Leidenschaft, mit Haut und Haaren, felsenfest überzeugt davon, die Sterne vom Himmel holen zu können. Schließlich malte ich ein Porträt von Cicero, damit er auch dann bei mir war, wenn er nicht bei mir war. Ich zählte es zu meinen besten, und es hängt noch heute in meiner Wohnung. Auf meine Art hat er mich nicht verlassen . . .

Damals erhielt ich auch den Beinamen »Miss Cognac«. Ich schluckte ganz schön in mich hinein. Ich weinte mich aus, wo immer ich konnte, wann immer ich konnte. Vielen Leuten ging das auf den Wecker. Und auch die letzten Rundfunksender, die mich noch engagierten, gaben mich nun ebenfalls auf. Damit hatte ich auch meinen beruflichen Tiefpunkt erreicht.

Star in den deutschen Musikhallen war damals Hildegard Knef. »Von nun an gings bergab« heißt eines ihrer Lieder, das sie sich auf den Leib getextet hatte, ein Lied über das ewige Auf und Ab ihrer Karriere. Es hätte damals auch gut zu mir gepaßt.

Das Publikum, das noch ein paar Jahre zuvor nach meinen Songs geswingt hatte, schien mich vergessen zu haben. Leute, die mich hätten engagieren können, machten um mich einen großen Bogen. Wenn ich irgendwo aufkreuzte, sahen die meisten Kollegen schnell in eine andere Richtung. Sätze, die ich in dieser Zeit am häufigsten hörte, waren Floskeln wie: »Laß uns mal telefonieren« oder »Wir müssen uns unbedingt mal sehen« – als würden wir uns nicht gerade jetzt sehen! Und warum dann erst demnächst telefonieren . . .?

Natürlich verstand ich, daß die Leute mir auswichen. Unglück zieht Unglück an, heißt ein alter Aberglaube in unserer Branche, der nicht totzukriegen ist. Zeige dich bloß nicht mit einem, der gerade einen Flop gelandet oder sonst eine miese Zeit hat, sonst färbt das sofort auf dich selbst ab.

Immer wenn mich jemand anrief, glaubte ich zwar nicht, daß es Hollywood sein könnte, aber vielleicht ein Fernseh-

oder Rundfunksender, der ein Auftrittsangebot für mich hätte. Nichts dergleichen. Statt dessen sah ich Kollegen und Kolleginnen im Dauereinsatz, die ihrer Jugend Maienblüte zwar auch schon hinter sich hatten, denen es aber offenbar wunderbar gelang, weiter am Mikrofon zu bleiben. Ich wußte nicht einmal genau, wann mich das Glück verlassen hatte. Und weshalb.

»Das hätte ich auch machen können«, war mein ständiger Kommentar, wenn ich eine Show im Fernsehen sah oder einen Krimi einschaltete. Warum nehmen die immer die gleichen Leute, warum wagt nicht endlich jemand, sich eine andere Besetzung auszudenken? Warum kommt niemand auf mich? Einer, der mehr menschliches Verständnis bewiesen hat, als manch andere, war Curd Jürgens. Ich habe zwar nie einen ernsthaften Flirt mit ihm gehabt, aber ich hatte vor einigen Jahren einmal einen Film mit ihm gedreht. Den Titel habe ich vergessen, aber Curd Jürgens nicht. Auch er war ein sehr empfindsamer Mann, der unter seinem Image litt. Er hatte nun mal gern ein hübsches Mädchen im Arm, aber das konnten ihm doch nur ein paar mißgünstige Neider vorwerfen. Jedenfalls hat er sich seinen Freundinnen und Ex-Frauen gegenüber immer anständig benommen – auch wenn es mal ein paar Ohrfeigen gesetzt hatte.

Ich traf ihn bei den Berliner Filmfestspielen in den sechziger Jahren wieder. Wieso ich überhaupt eingeladen worden war, weiß ich nicht mehr, denn natürlich lief dort kein Film, in dem ich mitspielte. Eigentlich wollte ich auch gar nicht hingehen – ich konnte mich nicht entscheiden, was ich anziehen sollte, obwohl ich den Schrank voller Kleider hatte, es gab niemanden, der mich begleitet hätte, denn meine jungen Musikerfreunde lehnten Veranstaltungen dieser Art ab, die waren viel zu sehr vom Establishment geleitet, wie sie mir immer sagten, und was sich ihrer Meinung nach nicht nur auf die Filmfestspiele bezog.

Aber schließlich fiel mir zu Hause doch die Decke auf den Kopf, ich raffte mich auf, fuhr mit einem Taxi vor und betrat die Hotelhalle, in der der Empfang stattfand.

Es war demütigend. Ich wurde empfangen wie eine Bittstellerin. Niemand begrüßte mich, niemand sprach zu mir. Ich stand in dem riesigen Ballsall herum und wußte nicht einmal, wo ich mich hätte setzen können. Ich sah Kollegen, mit denen ich früher zusammengearbeitet hatte. Da waren Dieter Borsche, Paul Hubschmidt und viele andere auch. Doch sie sahen durch mich hindurch, an mir vorbei und drehten die Köpfe schnell in eine andere Richtung.

Da erhob sich plötzlich Curd Jürgens, eilte auf mich zu, küßte mich auf die Wangen, sagte mir, wie sehr er sich freue, mich wiederzusehen. Und er bat mich um den nächsten Tanz.

Ich war mehr als verlegen. Ich spürte förmlich, wie uns alle anstarrten und wie sie sich die Mäuler über uns zerrissen. Doch Curd tat so, als würde er überhaupt nichts merken. Dann bat er mich an seinen Tisch. Später besorgte er mir ein Taxi, küßte mich zum Abschied und betonte noch einmal, wie sehr er sich doch gefreut habe, mich zu sehen.

Natürlich war das gelogen. Und natürlich wußte ich auch damals, daß das gelogen war. Aber für mich war es die schönste Lüge, die mir in diesem Moment ein Mann bereiten konnte. Curd Jürgens hat mir für einen Abend das Gefühl gegeben, dazuzugehören, immer noch dabei zu sein. Er hat mir Mut gemacht. Mut, mich nicht unterkriegen zu lassen, sondern mich aufzurappeln und es noch einmal zu versuchen. Es den anderen zu beweisen, daß mit mir noch zu rechnen war. Das habe ich ihm nie vergessen.

*

Zwei Menschen haben ganz wesentlich zu meinem Comeback beigetragen, mir Mut gemacht, mich wieder hinaus zu wagen: Lilo Tessmer-Osten und Bernd Lubowski. Beide habe ich fast zur gleichen Zeit kennengelernt, und beide haben sich durch mich kennengelernt. So oder so spielt manchmal das Leben. Greta Keller trat in Berlin auf. Greta Keller, einst Diseuse im Orchester von Peter Kreuder, dann nach Amerika emigriert, wo sie jahrelang im berühmten *Hotel Algonquin* auftrat, nachmittags um fünf, und ihre wehmütigen Weisen in englisch, französisch und deutsch sang. »Eine Stimme, die nur Gott zerstören kann«, sagte Ernest Hemingway über sie.

Oft wurde sie mit Marlene Dietrich verglichen, dann sagte sie stets mit ihrem unverwechselbaren rauhen, aber so charmanten Wiener Akzent: »Ich hätte gern ihr Gesicht, aber meine Stimme!«

Greta also trat in Berlin auf. Nostalgie war ausgebrochen, alle Mädchen sahen aus wie Louise Brooks und alle jungen Herren waren Tango-Jünglinge. Plötzlich gab es wieder Cabarets, in denen die Songs der zwanziger Jahre gespielt und gesungen wurden. Der Film »Cabaret« mit Liza Minnelli, nach dem Roman »Lebwohl, Berlin« von Christopher Isherwood, hatte viel zu dieser Nostalgie-Welle beigetragen, und Greta ist mit dem Lied »Heiraten« im Film auch zu hören. Am Broadway hatte sie in der Musicalfassung von »Cabaret« Lotte Lenya als Zimmerwirtin abgelöst, aber im Film kam die Rolle so gut wie nicht vor.

Ich ging in ihr Konzert, begrüßte sie anschließend, und wir erinnerten uns an unsere erste Begegnung – damals, 1936, kurz bevor sie emigrierte. Greta lud mich für den nächsten Tag zum Kaffeeklatsch ein, und dort traf ich Lilo, ihre Freundin, die oft ihre Auftritte in Berlin und Wien gemanagt hatte.

Lilo sah mich skeptisch an, blieb reserviert, und schließlich wußte ich, weshalb. Sie war immerhin jene Lilo, die mit meiner Freundin Lisa Jasinsky befreundet war, die inzwischen aber nicht mehr lebte. Von Lisa hatte ich immer von Lilo gehört – und Lilo von mir. Doch wir waren uns nie begegnet. Nun schloß sich also ein Kreis.

Nach und nach legte sich Lilos Skepsis. Ich trat an einem der nächsten Tage in einem kleinen Lokal mit einigen Liedern auf und bat Lilo, zu kommen. Vorher trafen wir uns bei mir zu Hause.

Wir stellten fest, daß wir uns gut verstanden. Lilo hatte immer die Meinung vertreten, ich sei die unbegabte Tochter eines berühmten Komponisten. Jetzt stellte sie fest, daß ich anscheinend ganz und gar nicht die unausstehliche Zicke war, für die sie mich gehalten hatte.

Ich gefiel ihr, und ihr gefiel auch mein Auftritt, obwohl er nichts Besonderes war. Lilo kam mich dann öfter besuchen, und schließlich wagte ich es, ihr die Lieder vom Band vorzuspielen, die ich mit Michael Dress, Fatty George oder Eugen Cicero aufgenommen hatte – die Ringelnatz-Vertonung, die Ritterlieder, die Chansons, bei denen mich Eugen Cicero begleitet hatte.

»Wenn Sie das singen, will ich versuchen, für Sie irgendwo ein Engagement zu finden«, entschied Lilo danach. Ein größeres Kompliment konnte ich kaum erwarten.

Bernd Lubowski, Journalist in Berlin, kam eines Abends zu mir, weil er mich zu einem alten Film interviewen wollte, der im Fernsehen gezeigt werden sollte. Er war gerade aus New York zurückgekehrt, wo er als Korrespondent tätig gewesen war. Zuvor hatte er die halbe Welt bereist, hatte lange in Israel gelebt, wo er seine Frau Erika kennengelernt hatte. Beide waren zusammen weitergereist, hatten einen Monat in Istanbul verbracht, wo sie dann geheiratet hatten und nach Berlin gekommen waren. Dann ging es nach New York, aber nun waren sie wieder hier.

Lubo, wie er genannt wird, entschied, daß er lieber ein Porträt über mich schreiben wolle, statt einen Bericht zu der Fernsehausstrahlung. Wir verstanden uns von Anfang an.

Vielleicht war es seine norddeutsche Mentalität – er stammt aus Bremen – die mir gefiel, diese friesische Art des Humors, die ja auch mein Vater besaß. Kurze Zeit wohnten auch Lubo und Erika bei mir, denn sie hatten nach ihrer Rückkehr aus New York noch keine Wohnung in Berlin gefunden. Eva Rautenberg, die geschiedene Ehefrau meines neuen Pianisten Kai Rautenberg, nahm sich der beiden schließlich an. Lubo und Erika zogen zu Eva in die große Wohnung, bis jeder von ihnen eine eigene Wohnung hatte, denn die beiden waren ständig dabei, sich zu trennen. Den Grund hierfür habe ich nie erfahren – mal waren es Emanzipationsbestrebungen von Erika, dann konnten sich beide einfach nicht mehr ausstehen, ich weiß auch nicht. Insgesamt haben sie wohl siebenmal versucht, sich zu trennen, standen jedes Mal kurz vor dem Scheidungstermin – und versöhnten sich wieder. Das erinnerte mich ein wenig an meine Zeit mit Eugen Cicero oder Michael Jary, als es ja auch immer hin- und hergegangen ist.

Als sie mir wieder einmal strahlend erklärten, daß sie jetzt – endgültig! – einen Scheidungstermin hätten, sagte ich: »Erzählt mir nichts mehr davon. Sagt mir eines Tages, daß ihr es hinter euch habt, und dann feiern wir ein großes Fest. Aber so regt ihr alle Freunde auf – und hinterher gibt es gar keinen Grund zum Feiern.«

Eines Tages war es dann doch so weit. Endgültig. Erika, die ebenfalls Journalistin ist, habe ich danach dann und wann wiedergesehen. Sie lebt im Ausland, kam nur sporadisch alle paar Jahre nach Berlin und hat oft bei mir oder auch bei Lilo gewohnt.

Lilo und Lubo lernten sich eines Tages bei mir kennen und beschlossen, mein Comeback gemeinsam in die Hände zu nehmen. Lilo lief sich die Hacken ab, telefonierte sich quer durch Clubs, Lokale, Cabarets, Rundfunk- und Fernsehanstalten. Lubo schleppte mich zu unzähligen Partys und Empfängen, wo er junge Filmleute kannte, die ich nicht kannte, die mich aber kannten.

Lilo bekam stets die gleiche Antwort am Telefon: »Evelyn Künneke? Um Gotteswillen! Bringen Sie mir, wen sie wollen, aber nicht die!«

Lubo stellte mich unermüdlich den Jungfilmern vor, wie sich die neue Generation deutscher Filmemacher nannte. Viel wußte ich nicht von ihnen, gesehen hatte ich kaum etwas von ihnen, aber die Partys und Empfänge fand ich ganz lustig. Manchmal kam ich auch mit einem von ihnen ins Gespräch.

»Du bist also die Evelyn?«

»Ja.«

»Was machst du denn?«

»Nichts. Ich war mal Sängerin und Schauspielerin.«

»Ach. Das ist ja wahnsinnig interessant. Was hast du denn gesungen?«

»Zum Beispiel »Sing, Nachtigall sing.«

»Das bist du? Das ist eines meiner Lieblingslieder. Kannst du das nicht mal singen?«

»Hier? Jetzt?«

»Nein. Aber mein Freund, der Peter, der hat nächste Woche Geburtstag, und da will ich ein Video von seiner Party machen. Wäre toll, wenn du dabei sein könntest.«

Es kam aber auch zu anderen Gesprächen.

»Ich habe da ein tolles Projekt in Arbeit. Hätten Sie Lust, da mitzumachen?«

»Im Prinzip schon. Worum handelt es sich denn?«

»Ein Film über das Lebensgefühl von heute. Junge Leute, eine Liebesgeschichte zu dritt. Am Schluß sterben sie.«

»Wann soll gedreht werden?«

»Wenn das Projekt finanziert ist.«

»Und wann ist es finanziert?«

»Das hängt von den Finanzierungsgremien ab.«

»Was könnte ich denn da spielen?«

»Weiß ich noch nicht. Aber ich schreibe Ihnen rein, was Sie wollen. Wir können uns ja etwas zusammen ausdenken. Ein prominenter Name ist immer gut für die Finanzierung.«

Prominenter Name – ich mußte innerlich laut lachen. Ich und ein prominenter Name! Mit mir einen Film finanziert bekommen? Ich war doch wohl eher Kassengift als Kassengold. Aber vielleicht war ich nicht einmal mehr Kassengift. Vielleicht wußten selbst die Leute, die mich einmal für Kassengift hielten, gar nicht, daß es mich noch gab.

Lilo rannte sich die Hacken ab, Lubo hob mich immer wieder in die Klatschspalten. Aber es tat sich zunächst nichts. Dann kam Lilo eines Tages ganz aufgeregt zu mir.

»Ich hab etwas!«

»Was?«

»Drei oder vier Abende bei Jule Hammer. In seiner Galerie, oben im Europa-Center. Jetzt geht es los.«

Jetzt ging es los. Lilo hatte beim Einkaufen in der Tauentzienstraße zufällig Jule Hammer getroffen, diesen liebenswerten Tausendsassa in Sachen Berliner Kultur. Ich war zwar mit seiner Frau Rosemarie befreundet, aber mir wäre nicht im Traum eingefallen, Jule zu fragen, ob ich in seiner Galerie auftreten könnte.

Lilo aber kam gleich zur Sache, als sie Jule traf.

»Jule, kann ich für drei oder vier Abende deine Galerie für ein Konzert haben?«

»Meine Galerie? Jaaa – für wen denn?«

»Für Evelyn Künneke.«

»Für Evelyn . . .?«

»Ja. Mit ganz neuem Programm – Ringelnatz, Ritterlieder, Chansons von Brecht, Kästner, Tucholsky, auch zwei drei schöne Sachen von ihrem Vater und einige ihrer alten Lieder.«

»Isse gut?«

»Phantastisch gut.«

»Habt ihr Geld für die Miete?«

»Nee.«

»Gut. Aber - saubermachen müßt ihr. Das sag ich euch - saubermachen müßt ihr!«

Nun ging es wirklich los. Zuerst Programm machen. Welche Lieder? Und in welcher Reihenfolge? Dann Plakate und Handzettel. Uns wirbelte der Kopf. Magda, eine Freundin aus Ungarn, die lange in Paris gelebt hatte und seit einiger Zeit mit ihrem Freund Nick bei mir wohnte, sorgte für ständigen Kaffeenachschub. Alkohol war schon seit langem verpönt - jedenfalls für mich. Ich hatte mir selbst Abstinenz verordnet, einfach damit aufgehört.

»Äwälyn, Äwälyn«, schüttelte Magda immer nur den Kopf. »Was machst du für Sachen? Kannste doch in Ruhä läben, und was machst du - willstä wiedä auf die Bühne! Nä, nä, nä, sowas von verrückt.«

Proben. Proben. Proben. Kai Rautenberg, dieser liebenswerte Hüne, mit dem ich schon zuvor manches Konzert irgendwo zwischen Norden und Süden gegeben hatte, der immer treu an meiner (musikalischen) Seite geblieben war, saß am Klavier, spielte mein ganzes Repertoire rauf und runter. Innerhalb kurzer Zeit hatten wir ein ganz neues, sehr anspruchsvolles Programm zusammengestellt.

»Meine Hits von damals hebe ich mir als Zugabe auf - falls welche gewünscht werden sollten«, feixte ich voller Galgenhumor. Ich war in Topstimmung und Topform. Knapp über fünfzig, nicht mehr so schlank wie früher, doch ich war sicher, daß das niemanden stören würde.

Ich hatte keine Ahnung, was mich erwartete, wie es ausgehen würde. Auch Lilo, Lubo, Kai, Erika, Magda, Eva oder die anderen Freunde und Bekannte nicht, die Handzettel und Plakate verteilt und wiederum ihren Freunden und deren Freunden Bescheid gesagt hatten. Zu oft hatte ich schon erlebt, daß ich Hoffnungen auf etwas gesetzt hatte, das sich dann in Nichts aufgelöst hatte. Auch Jule Hammer war nicht überzeugt, daß der Abend klappen würde. Von seiner Frau Rosemarie erhielt ich einen riesigen Blumenstrauß. Kritiker waren – obwohl eingeladen – natürlich nicht erschienen. Nur Regine Will, Lubos treue Fotografin, schoß am Premierenabend eine ganze Fotoserie. Wie später noch öfter.

Es wurde ein phantastischer Abend. Die Galerie war zwar nicht ausverkauft, aber gut besucht. Ich sang alles, worauf ich Lust hatte, ließ alles, was so lange in mir verschüttet war, heraus. Ich trug einen dunklen Pailettenanzug, hatte meinen geliebten alten Zylinder als Talisman auf dem Kopf und sang all das, woran ich glaubte und wovon ich glaubte, daß es dem Publikum gefallen würde. Es gab auch Zugaben – »Mäcky«, »Egon« und »Hab'n Se nich 'nen Mann für mich?«

Vier Abende haben wir zwar nicht durchgehalten, aber drei immerhin. Ich hatte eine Bandaufnahme von dem Abend machen lassen, mit der Lilo nun die Sendeanstalten erneut bombardierte. Einige horchten immerhin auf, fragten jetzt vorsichtig nach, ob die Künneke denn immer noch an der Flasche hing oder ob auf sie Verlaß sei. Da schien sich eine Wende anzudeuten.

*

Lubo schleppte eines Tages einen sehr hungrigen jungen Mann zu mir: Lothar Lambert, Ex-Filmkritiker, jetzt Filmemacher. Es wurde ein sehr lustiger Abend, und Lothar stillte seinen Hunger. Zwischendurch erzählte er mir, daß er früher Autogramme gesammelt habe und sich auch von mir eines hätte geben lassen.

Am nächsten Abend kamen Lubo und Lothar wieder und brachten einen weiteren jungen Mann mit – Wolfram Zobus. Der hatte eine junge Frau im Schlepptau – Dagmar Beiersdorf. Lubo erklärte mir, daß die drei zusammenarbeiten.

Lothar und Wolfram hätten bereits zwei Filme gedreht, einer hätte sogar den Berliner Kritikerpreis gewonnen. Ich kannte keinen der beiden Streifen.

»Wir arbeiten jetzt an einem neuen Film«, sagte Lothar und erklärte mir, worum es ging. Offensichtlich war er das Sprachrohr der Dreierbande. »1-Berlin-Harlem« sollte der Film heißen, die Geschichte eines schwarzen GI, der nach seiner Militärzeit in Berlin bleibt, um hier ein neues Leben zu beginnen, und der in jede Menge Abenteuer und undurchsichtige Geschichten verwickelt wird. Ob ich mitmachen wolle, fragten sie schließlich.

»In Ordnung«, sagte ich, ohne lange nachzudenken.

»Es gibt nur ein Problem«, sagte Lothar. »Wir haben zwar das Geld für das Material, können aber keine Gage zahlen.«

»In Ordnung«, sagte ich, überzeugt, daß man aufstrebenden Talenten helfen müsse. Und warum sollte ich nicht? Ob ich nun zu Hause rumsaß oder mir ohne Gage arbeitend die Zeit vertrieb – wen ging das etwas an?

Es kam aber noch toller. Ich sollte eine Sängerin spielen, die mit einem farbigen Musiker verheiratet ist. Und der Einfachheit halber sollten die Szenen gleich in meiner Wohnung gedreht werden.

»In Ordnung«, sagte ich auch dazu. Also kamen die Jungfilmer zu mir, drehten die halbe Nacht, machte ich Buletten für die Mannschaft, sang ich sogar ein Lied – ich glaube, es war »Fever« – und fühlte mich pudelwohl in der jungen Filmemachermannschaft.

Lothar Lambert und Wolfram Zobus war es gelungen, eine illustre Besetzung für ihren Film zusammenzubekommen, eine Besetzung, die von A bis Z ohne Gage mitmachte: Jungfilmer Rainer Werner Fassbinder war als Darsteller mit von der Partie, Ingrid Caven, Brigitte Mira, Y Sa Lo, Hansi Jochmann, Ilse Trautschold, Ortrud Beginnen und viele andere. Wie ich später erfuhr, gelang es nur Brigitte Mira, dem

Jungfilmer-Trio etwas Bargeld für ihren Auftritt abzutrotzen...

Dann war eines Tages Tuntenball in *Walterchens Ballhaus*. Eine Freundin von Lilo, die Kabarettistin Fifi Brix, war engagiert worden, Lubo mußte über den Abend berichten. Also marschierten wir alle gemeinsam hin. Es war höchst amüsant. Fast jede Dame war ein Herr, fast jeder Herr eine Dame. Phantastische Kostüme, bizarre Gewänder und bunter Schmuck. Die Damentoilette war ständig überfüllt, weil ständig Damen, die eigentlich Herren waren, sich vor dem Spiegel die Nasen puderten.

Irgendwann tanzte ich mit Lubo. Plötzlich tippte ihm jemand auf die Schulter, und Lubo sprach die beiden historischen Sätze: »Das ist Rosa von Praunheim. Und das ist Evelyn Künneke.« Lubo hatte Rosa von Praunheim ein paar Tage zuvor bei einem Interview zu Dreharbeiten seines neuen Films kennengelernt, und nun sahen sie sich plötzlich wieder. Welch ein Glück – für mich, wie man weiß!

Ich hatte schon von Rosa von Praunheim gehört, aber nicht gewußt, wer das ist. Ich hatte den Film »Nicht der Homosexuelle ist pervers, sondern die Gesellschaft, in der er lebt« im Fernsehen gesehen und war von der Aussagekraft sehr beeindruckt gewesen. Ich hatte aber nicht mitbekommen, daß Rosa von Praunheim ein Mann war, der eigentlich Holger Mischwitzky hieß.

»Du bist Evelyn Künneke«, wiederholte der Fremdling auf der Tanzfläche. »Du erinnerst mich an eine deutsche Mae West.«

»Na, vielen Dank«, knurrte ich, nicht gerade erbaut über dieses merkwürdige Kompliment, und setzte hinzu: »Und wo bitte, ist Frau von Praunheim? Und wie war noch Ihr Name?«

»Ich bin Rosa von Praunheim«, tönte es mir da entgegen, und der Jüngling reckte sich noch ein bißchen mehr in die

Höhe, lächelte mich an, und ich entdeckte seine Zahnlücke, die er sonst schamhaft zu verstecken suchte.

Praunheim nannte er sich, nach dem Ort bei Frankfurt am Main, in dem er aufgewachsen ist, und Rosa, weil das seine Lieblingsfarbe war. Naja, dachte ich, hast ja schon viele Verrückte in deinem Leben kennengelernt – immerhin ist der sympathisch und hat einen guten Film gemacht. Ich lud ihn zu mir zum Abendessen ein.

*

Aus diesem Abendessen entstand unsere Freundschaft, unsere Zusammenarbeit, unsere Beziehung, die in der nächsten Zeit von den Medien fleißig abgehandelt werden sollte. Natürlich war Liebe im Spiel, denn jede Freundschaftsbeziehung ist in einem gewissen Sinne auch eine Liebesbeziehung. Und jede Freundschaft hat auch ihren erotischen Unterton, denn Menschen, die sich nicht sympathisch finden, die sich nicht die Hand reichen können, die den anderen Menschen nicht um sich haben mögen, sind nicht miteinander befreundet.

Diese Art von Liebe war – und ist – meine Freundschaft mit Rosa. Ich habe nie versucht, ihn ins Bett zu ziehen, auch wenn er das später behauptet hat. Vielleicht hat er es so verstanden, vielleicht hat er mich auch mißverstanden, das weiß ich nicht. Diesbezüglich hätte er nichts von mir zu befürchten gehabt. Ich wollte ihn keineswegs in die Freuden heterosexueller Liebe einführen, aber ich wollte ihm eine treue Freundin sein. Ich war bereit, ihn zu heiraten. Unsere Verlobung war kein Pressegag, sondern ein ehrlicher Wunsch, der eine Heirat folgen sollte. Ich wollte zeigen, daß ein Homosexueller und eine Frau durchaus in ehelicher Gemeinschaft leben konnten.

Neu war das übrigens nicht, schließlich kannte ich viele

homosexuelle Männer, die verheiratet waren und auch Kinder hatten. Charles Laughton und Elsa Lancaster waren nur eines von vielen bekannten Künstlerpaaren, die alles, nur nicht unbedingt das Bett miteinander teilten.

Da ist mein Kollege Ernie Reinhardt doch ein ganz anderes Kaliber. Er ist zwar schwul, tritt als Frau Lilo Wanders in der Schmidt-Show in Hamburg auf, ist aber verheiratet, hat zwei Kinder und ein behindertes Kind adoptiert. Da ziehe ich doch den Hut. Er ist auch in Berlin mit einem eigenen Programm im BKA-Zelt aufgetreten und hat hier eine große Fan-Gemeinde, zu der ich ebenfalls zähle. Ernie ist für mich bestes Kabarett von heute – witzig, frech, vom Zeitgeist durchdrungen, ohne sich an irgendeiner Kabarett-Geschichte der Vergangenheit zu orientieren – höchstens an deren Klasse.

Ernie begeistert mich so, daß ich in einer meiner nächsten Shows mit ihm ein Duett singen werde, am liebsten den Evergreen »Sei mal verliebt!« Und den werden wir auch als Platte aufnehmen. Versprochen, Ernie-Lilo-Reinhardts-Wanders!

Er hat mir, als wir uns besser kannten, übrigens gestanden, daß er mich als noch jüngerer Mann einmal interviewt hat. Ich soll sehr grantig gewesen sein, und er konnte mich überhaupt nicht ausstehen. Soll ja vorkommen! Entschuldigung, Ernie! Jedenfalls hat er – aus Rache – seine Figur der Frau Lilo Wanders nach mir aufgebaut. »Weißt du, du warst so geziert und schlecht gelaunt, dabei so wahnsinnig auf Star getrimmt – ich konnte dich nur scheußlich, aber im selben Moment auch hinreißend finden«, gestand er mir später. Küßchen, Ernie!

Gleich neben dem *Schmidt-Theater* wurde gerade auf der Reeperbahn das *Tivoli-Theater* neu eröffnet. Natürlich war ich dabei – wie auch beim alljährlichen Hamburger Alstervergnügen – und natürlich traf ich meinen lieben Ernie wieder. Soviel zu Männern, die offen zugeben, schwul zu sein, aber durchaus keine Frauenverächter sind ...

Rosa jedenfalls bekam im letzten Moment Angst vor der Konsequenz dieses Schrittes. Und vielleicht befürchtete er auch tatsächlich, in meinem Bett zu landen, oder daß ihn seine Gefolgsleute auslachen würden, wenn er die ehemalige singende Sex-Nachtigall heiraten würde.

Zunächst aber lernten wir uns einmal kennen. Und prompt erhielt ich schon wieder ein Filmangebot. Rosa war gerade dabei, einen neuen Film vorzubereiten: »Axel von Auersperg«, und er fragte mich, ob ich mitmachen wolle.

»Was kann ich denn bei dir spielen?« fragte ich.

»Den Bischof«, lächelte Rosa pfiffig und sah mich direkt an, wohl hoffend, daß ich protestieren oder beleidigt sein würde.

»Warum nicht«, war mein Kommentar.

Rosa holt mich jeden Tag zu den Dreharbeiten ab, immer mit einer roten Rose. Dann ging es nach Kreuzberg, wo er in einem alten Fabrikgebäude sein Studio aufgebaut hatte. Dort lernte ich meine Mitspieler kennen – einen großen blonden Langweiler, der die Titelrolle spielte, eine etwas verzickte Tänzerin, die Sarah hieß. Schließlich Millie Büttner, eine Malerin, die ich schon kannte und die in dem Film eine lesbische Nonne zu spielen hatte. Und Peggy von Schnottgenberg, der absolute Heuler dieser Produktion. Peggy hieß eigentlich Frank Ripploh und war Grundschullehrer. Er hatte gerade Ferien, spielte ebenfalls eine Nonne und hoffte darauf, daß keiner seiner Vorgesetzten ihn in seiner Verkleidung erkennen würde.

»Warum sollten sie«, meinte ich arglos. »Glaubst du, daß die sich Filme von Rosa ansehen?«

»Und wie – da sind doch mehr schwul, als man glauben sollte«, klärte er mich auf.

Nach seinen Erfahrungen mit Rosa wagte sich Peggy unter seinem richtigen Namen später selbst ans Filmemachen. Sein erster Film hieß »Taxi zum Klo« und wurde ein internationaler Sensationserfolg. Er hatte biographische Episoden aus seinem Leben zu einer frischen und frechen Schwulenkomödie verarbeitet, die auch ein nicht-schwules Publikum begeisterte. Leider hatte er vergessen, mich zu fragen, ob ich mitmachen würde.

Die Geschichte von »Axel von Auersperg« war eine triviale Ballade aus dem Mittelalter. Ich weiß nicht mehr, was Rosa an der Geschichte so sehr begeistert hat – vielleicht war es auch nur der blonde Jüngling, der die Titelrolle spielte. Ich war jedenfalls der Bischof – und ich sang auch noch einen Choral. Und zwar so, daß sich niemand mehr an »Winke-Winke« oder »Sing, Nachtigall sing« erinnerte.

Dieser Film führte zu einem Riesenskandal. Als er vom Fernsehen ausgestrahlt werden sollte, verlangte der Sender, daß alle Szenen mit der Nonne und dem Bischof herausgeschnitten werden. Es gab einen Riesenwirbel, endlose Diskussionen, Anwälte gegen Anwälte, Presseberichte über Presseberichte – ein wildes Durcheinander von Pro und Contra. Endergebnis: Der Bischof wurde herausgeschnitten. Gleich darauf meldeten sich die Fernsehgewaltigen, entschuldigten sich bei mir und versicherten, daß dieser Akt sich nicht gegen meine schauspielerische Leistung richten würde, sondern allein gegen das Konzept von Rosa, mit dem sie den Zorn der Kirchen und der Zuschauer heraufbeschwören würden.

Wie auch immer – mein Nichtauftritt in diesem Film wurde zu einem gewaltigen Eckpfeiler meines Comeback, das immer mehr Gestalt annahm. Das Fernsehen revanchierte sich für meinen Rausschnitt mit einem Auftritt in der Fernsehsendung »Musik ist Trumpf«. Ich rauschte mit einer total verrockten Jary-Nummer herein, für die ich Applaus von den Fernsehtechnikern erhielt. Plötzlich folgten weitere Fernseh-Engagements, wurde ich zu Solo-Abenden in kleinen Cabaretts aufgefordert, ergaben sich völlig neue Kontakte.

Wolf Gremm, der gerade mit seinem ersten Film »Ich dachte, ich wäre tot« einen Debüt-Erfolg hatte, engagierte mich für sein nächste Projekt »Meine Sorgen möcht' ich haben«, eine musikalische Komödie, in der Y Sa Lo und die junge Hamburgerin Angelika Milster die Hauptrollen spielten. Angelika Milster hatte sich gerade einen gewissen Namen als Marilyn-Monroe-Parodistin gemacht und spielte mit großem Erfolg in dem Musical »Schwarzer Jahrmarkt« von Günther Neumann im Berliner *Hebbel-Theater.*

Die Dreharbeiten waren sehr fröhlich, vor allem begeisterte ich mich für den englischen Musiker Rodney, der nicht nur für die Musik zuständig war, sondern auch eine Rolle übernommen hatte. Er zog sehr schnell in meine Wohnung ein – und Rosa bekam seinen ersten Eifersuchtsanfall. Übrigens zu Recht, denn Rod und ich verstanden uns ausnehmend gut. Jedenfalls für die Dauer der Dreharbeiten – und etwas länger. Dann zog es Rod wieder weiter.

Der Film kam zwar über einen Einsatz von wenigen Tagen kaum hinaus, aber Angelika Milster erhielt immerhin für ihre Darstellung den Ernst-Lubitsch-Preis für die beste komödiantische Leistung des Jahres in einem Film. Damit war sie einen Schritt weiter auf ihrer Karriereleiter, die sie später nach Wien führte, wo sie in dem Musical »Cats« gefeiert wurde und wieder zurück nach Berlin, wo sie in Helmut Baumanns »Kurt-Weill-Revue« im *Theater des Westens* großen Erfolg hatte.

Durch Rosa lernte ich zwei Menschen kennen, die eine Zeitlang – jawohl, erneut! – bei mir wohnten und mir auf sehr unterschiedliche Weise sehr nahestanden. Beide sind heute tot: Dietmar Kracht, Hauptdarsteller aus Rosas beiden »Bettwurst«-Filmen, und Tally Brown, Sängerin, Schauspielerin und Andy-Warhol-Superstar aus New York.

Dietmar, unehelich geboren, hatte die größte Zeit seiner Kindheit und Jugend in Heimen verbracht. Danach hatte er in Frankfurt am Main und auch in Berlin sein Glück in homosexuellen Kreisen gesucht und natürlich nicht gefunden. Zeitweise ging er auch auf den Strich.

Er wirkte sehr fragil, besaß aber eine große innere Stärke und eine fast unschuldige Seele. Rosa entdeckte ihn in Berlin und setzte ihn in seinen Filmen ein, umsorgte ihn, so gut es ging, denn Dietmar konnte weder lesen noch schreiben, und zwei und zwei konnte er auch nicht zusammenzählen. Dennoch war er auf eine merkwürdige Weise intelligent. Sehr empfindsam natürlich, denn er war in seinem Leben arg herumgestoßen worden. Er hatte sogar ein Lied getextet und komponiert, daß er gelegentlich vortrug – ein sehr schönes, wehmütiges Lied, daß – ohne daß er es sagen mußte – wohl seine Lebensgeschichte erzählte: »Die Straße ohne Ende ist das Ziel für mich.«

Als Rosa nicht mehr wußte, wie er Dietmar weiterhelfen konnte, gab er ihn bei mir ab. Dietmar zog ein, wurde mein Mädchen für alles. Er führte meinen Haushalt wie es keine Haushälterin hätte besser machen können. Er hatte ein Auge für alles und jedes. Dabei war er geräuschlos tätig, man merkte kaum, daß er plötzlich neuen Kaffee gemacht oder eine weitere Flasche Wein hingestellt hatte. Manche Freunde hatten Schwierigkeiten, sich an ihn zu gewöhnen, denn in seinem Auftreten war er sehr feminin – was Rosa in seinen Filmen, in denen Rosas Tante Luzy Kryn seine Partnerin war (das tollste Paar seit Laurel und Hardy, meine ich) – bestens einzusetzen verstand.

Dietmar umhegte mich aus tiefstem Herzen. Vielleicht war ich für ihn die Mutter, die er nie wirklich gehabt hatte und immer noch suchte. Wir hatten eine gute Zeit miteinander, bis zu dem Tag, an dem er nicht nach Hause kam.

*

Es war Sommer, Dietmar war zum Grunewaldsee gegangen, hatte mit Freunden im Freien eine Party gefeiert. Es war getrunken worden, es wurde spät, man wollte nicht zurückkehren, sondern am Strand übernachten. Plötzlich gefiel es Dietmar nicht mehr. »Ich schwimme hinüber auf die andere Seite, da sind nettere Menschen«, soll er gesagt haben. Dann ist er losgeschwommen. Niemand hat ihn zurückgehalten. Es war bereits Nacht, stockdunkel. Sicher hatte Dietmar Angst vor seiner Courage bekommen, aber er wollte nicht als Feigling dastehen. Also schwamm er los. In der Mitte des Sees bekam er einen Herzschlag und starb.

Ich habe lange gebraucht, um mich mit seinem Tod abzufinden. Ich machte mir Vorwürfe, obwohl es dafür keinen logischen Grund gab. Weil Dietmar sich so sehr auf eine neue Filmrolle gefreut hatte, beschloß Rosa, seine Beerdigung zu filmen, die er später in dem Film »Ich bin ein Antistar«, die Geschichte meiner Karriere, einbauen wollte. Ich sollte Dietmar ein Abschiedslied singen: »Ich bin nur ein armer Wandergesell, gute Nacht, lieber Dietmar, gute Nacht«.

Später gab es viel Kritik wegen dieser Szene. Man warf uns vor, Dietmars Tod im Film vermarktet zu haben. Es hieß, ich hätte falsche Tränen geweint, weil die Aufnahmen mehrfach wiederholt werden mußten. Kann gefilmte Trauer überhaupt echt sein?

Natürlich kann sie. Ich habe um Dietmar geweint, nicht um eine Filmszene besonders wirksam hinzukriegen. Ich habe auch ohne Kamera um ihn geweint. Und wenn wir die Szene mehrfach gedreht haben, so heißt das nicht, daß die Tränen falsch waren, denn ich habe den ganzen Tag geheult. Auch, als die Szenen abgedreht waren.

Im übrigen glaube ich, daß diese Aufnahmen ganz im Sinne von Dietmar waren. Es hätte ihn gefreut, wenn er gewußt hätte, daß wir ihm auf diese Weise die letzte Ehre erwiesen – in einem Film, denn der Film war seine ganze Leidenschaft –

wie jeder sehen kann, wenn er sich die beiden Filme ansieht, die ohne Dietmar Kracht kaum vorstellbar sind.

*

Und dann fiel Tally Brown vom Himmel, jenes Urvieh aus New York, die Rosa mir ins Haus geschickt hatte. Zuerst erschrak ich, als ich ihr die Tür geöffnet hatte. Da stand ein kleiner runder Freak – so breit wie hoch, den kugelrunden Körper in irgendwelche schwarzen Stoffbahnen gewickelt, schwarze Netzstrümpfe und Stiefel an den Beinen, eine schwarze Pelzkappe auf einer nicht endenwollenden schwarzen Lockenperücke. Sie ging an einem schwarzen Stock, Folge eines Bühnenunfalls, aber ihre gute Laune, Vitalität und freudige Erregung waren davon unberührt.

Wir mochten uns vom ersten Moment an. Tally hatte ein Engagement für einen Berliner Musikladen, sich ins Flugzeug gesetzt und war herübergejettet. Das erste Mal in Berlin – in der Tasche Rosas und meine Adresse. Rosa war gerade nach Köln abgerauscht, um Verhandlungen über ein neues Filmprojekt zu führen, von dort wollte er nach Frankfurt am Main, um eine Show mit mir vorzubereiten. Und außerdem plante er, Vicki Baums Romanbestseller »Menschen im Hotel« in Bochum auf die Bühne zu bringen – mit mir in der Rolle, die einst Greta Garbo gespielt hat. Nur, daß ich keine alternde Tänzerin, sondern eine alternde Sängerin darstellen sollte.

So blieb ich als Tallys Anlauf- und Kontaktadresse. Es stellte sich schnell heraus, daß aus dem Engagement nichts werden würde. Nun saß Tally in Berlin, in der Giesebrechtstraße, in der Bibliothek meines Vaters und fragte sich, weshalb sie sich auf dieses Abenteuer überhaupt eingelassen hatte.

Lubo und ich wußten Rat. Das *Reichskabarett*, in dem Ortrud Beginnen über Nacht mit Paul Vasils Inszenierungen von »Dracula« und »Letzte Rose« zur Muse des Berliner Underground geworden war – dieses *Reichskabarett* wäre genau der richtige Rahmen für ein Undergroundgeschöpf wie Tally. Lubo hatte den richtigen Riecher. So wie er mir behilflich gewesen war, so wie er später Lotti Huber und Rosa zusammenbrachte, der einige alte Damen für seinen Film »Unsere Leichen leben noch« suchte, und so, wie er noch später in Hamburg Eartha Kitt ein Engagement verschaffte und damit den Startschuß zu ihrem Comeback in Deutschland gab, so war auch diese Idee goldrichtig. Ich verhandelte mit dem Chef, erklärte mich bereit, als Maître de Plaisir allabendlich Tally dem Berliner Publikum vorzustellen – und ab ging die Post.

Tally wurde vom Geheimtip zum Sensationserfolg. Einen Monat lang gab sie im *Reichskabarett* ihre Mitternachtsshow. Waren es zunächst nur die engsten Freunde, die zur Premiere erschienen, so füllte sich das 100-Plätze-Theater mit der Zeit zunehmend. Tally wurde der Liebling des alternativen Publikums. Sie sang Songs von den Rolling Stones, von David Bowie und Lou Reed, schreckte nicht vor Frank Zappa und auch nicht vor Friedrich Hollaenders »Johnny, wenn du Geburtstag hast« zurück. Das Publikum hing an ihren Lippen, und Tally genoß ihren Erfolg.

Meine Freunde und mich hatte sie ebenfalls behext. Abend für Abend zogen wir als kleiner Trupp ins *Reichskabarett*, und obwohl wir alle Songs längst auswendig kannten, konnten wir uns dem Sog dieser Persönlichkeit nicht entziehen.

Vor einigen Jahren ist Tally in New York gestorben. Rosa hat sie für alle Zeiten in seinem Film »Tally Brown, New York« festgehalten, ein sehr schönes, faszinierendes Filmporträt dieser großartigen Frau und Künstlerin. Und Lothar Lambert und Wolfram Zobus haben extra noch eine Rolle für Tally geschrieben und nachgedreht, damit sie auch in ihrem Film »1 Berlin-Harlem« mit dabei sein konnte.

Inzwischen war ich selbst längst Undergroundstar geworden. Ich hatte in einigen Streifen der jungen Jungfilmer mitgewirkt und auch in einigen der älteren Jungfilmer. Nicht zuletzt durch die Zusammenarbeit mit Rosa galt ich als aufgeschlossen dem Nachwuchs gegenüber, obwohl Rosa inzwischen ja auch den Nachwuchsjahren entwachsen war und seine Filme in London, Paris oder New York genauso gefragt waren wie auf vielen internationalen Festivals. Und plötzlich war ich von einer ganzen Horde junger, nachgewachsener Kollegen umgeben, die mich ganz selbstverständlich in ihren Kreis aufnahmen.

Es war merkwürdig festzustellen, wie ich für etwas bewundert wurde, was diese jungen Menschen aus eigener Erfahrung gar nicht gekannt hatten, und wie ich für etwas verehrt wurde, das ich an mir nicht kannte – die Tatsache, von jungen Menschen selbstverständlich akzeptiert zu werden. Ich hatte mich ihnen ja nicht aufgedrängt, weder meinen neuen Kollegen, noch meinem Publikum. Die Jungen waren ganz einfach auf mich zugekommen, hatten mich wohl angekiekt und sich gesagt: Mit der Ollen können wir. So oder so ähnlich muß es gewesen, diese Sympathie, die mir entgegenkam.

Aber ich hegte auch Sympathien für sie. Da gab es Ortrud Beginnen, die großartige, verrückte Ulknudel, mit der ich schon Kabarett gemacht hatte, bevor sie über Nacht im *Reichskabarett* der Liebling von Berlin geworden war. Immer verliebt, immer in Knaben, die mindestens zehn Jahre jünger waren als sie, immer im Denken völlig um die Ecke, mehr noch als ich. Und genauso großzügig und mit einem weiten Herzen.

Kurt Raab, der liebe Kumpel, meist zu Tode betrübt, uneins mit sich und der Welt, ein sanfter Chaotiker, immer auf der Suche nach Anerkennung, Liebe, hochbegabt als Ausstatter vieler Fassbinder-Filme, nicht minder begabt als Schauspieler, viel zu früh gestorben, an Aids, das so viele

Lücken reißt, nicht nur in unserer Branche, sondern überall ...

Wo Kurt Raab war, war auch Peter Kern nicht weit, ein liebenswerter Wiener wie Qualtinger, mit dem er oft verglichen wird wegen seiner Leibesfülle, einer, der an Wien leidet und es zugleich liebt. Emigrant aus der Johann-Strauß-Metropole, zeitweise in Berlin beheimatet, immer an drei bis vier Projekten gleichzeitig arbeitend.

Ingrid Caven – kokett und intelligent, Sirene und Hausmütterchen in einer Person. Mit ihrer Show wurde sie zum »Schwarzen Engel von Paris«, sang sie sich von Fassbinder frei, mit dem sie kurz verheiratet war, und der ihr als seine Heldin meist Hanna Schygulla vorzog. Ein Punkt, der mir nie ganz einleuchtete, denn Ingrid Caven hat alles Charisma dieser Welt für die Leinwand, was sie ja auch unter Beweis stellen konnte.

Regina Ziegler, Produzentin in Berlin und eine Pfundstype. Hat etwas von einem charmanten General an sich, falls man versteht, was ich meine. Muß sie wohl auch, denn auf ihren nicht ganz schwachen Schultern lastet die Verantwortung für so manches Filmprojekt – und manche Karriere ...

Moritz Bandlin, der junge Pianist, den ich kennenlernte, und der natürlich mein musikalischer Begleiter wurde, mit mir zusammen in Clubs auftrat, seine eigenen Werke vortrug, und wie so viele andere Musiker meinen Weg kreuzte, ihn ein Stück gemeinsam mit mir ging, bis wir uns wieder verabschiedeten. Er war von einer fast altmodischen Ritterlichkeit, fein und von zarter Bestimmtheit – auf dem Klavier und mir gegenüber.

Rio Reiser, heute selbsternannter, musikalischer »Kaiser von Deutschland«, kenne ich noch aus der Zeit, als er mit der Band »Ton, Steine, Scherben« auftrat. Schon damals war er für hintergründige, aberwitzige Songs bekannt, ein Geheimtip in der Berliner Szene, wenn ich auch manchmal akustisch nicht mit der Musik mithalten konnte – da taten mir mitunter doch ein bißchen die Ohren weh.

In dieser Zeit erhielt ich meine neuen Spitznamen oder Künstlerorden – je nachdem, wie man es verstehen will. Mal war ich »Die Fette aus Dingsda«, mal die »Callas der Subkultur«, dann nur wieder ganz schlicht der »Antistar«. Irgendeine Bezeichnung muß wohl jeder haben, ein Erkennungssignet, da der Name allein anscheinend nicht ausreicht. Mir war es egal, ich habe sie mit Humor, einem lachenden und weinenden Auge angenommen. Und mich mitunter eben auch über sie lustig gemacht.

Auch einen anderen Liebling der fünfziger Jahre habe ich – wenn auch erst viel später – kennengelernt, und wir hatten sofort einen Draht zueinander – Eddie Constantine, der Amerikaner in Paris, von Edith Piaf als Sänger für die Bühne und als Boy für ihr Herz entdeckt, und dann als Lemmy Caution, eine Art französischer James Bond auf der Leinwand.

Kantiges Gesicht mit ebenso kantiger Nase, markante Falten, ein unverschämtes und unwiderstehliches Lächeln – so erinnere ich ihn. Als ich ihn kennenlernte, war er immer noch ein großer charmanter Junge, zwar älter geworden – war ich ja inzwischen auch –, aber die jungen Mädels um uns herum bekamen ganz verklärte Augen.

Wir traten mit Pit Weyrich in seiner »Versteckten Kamera« auf, wobei ich mir einen besonderen Streich erlaubte, den selbst das Aufnahmeteam nicht mitbekam. Ich sollte vor dem *Hotel Steigenberger* unglücklich herumstehen und einen mir völlig fremden Herrn bitten, mich in mein Hotelzimmer zu tragen, wie ich es mir immer von meinem Bräutigam gewünscht hatte, doch der hätte mich schmählich im Stich gelassen.

Nun stand ich also vor dem Hotel, mimte auf unglücklich, aber kein Herr biß an. Oder sie liefen entsetzt davon, wenn sie hörten, was mein Begehr war. Mir wurde das zu bunt, und ich rief klammheimlich meinen guten Freund Pit an, der bereit war, einzuspringen. Der Witz dabei war, daß weder Pit Weyrich noch sonst jemand vom Team dahinterkamen, daß Pit und ich uns kannten. Er trug mich hinauf, das Aufnahmeteam war selig, ich hatte es hinter mir – nur mein Freund Pit pustete. Kein Wunder bei der Anstrengung, mich in meine Hochzeitssuite zu tragen ...

*

Und eines Tages trat der berühmteste Vertreter des sogenannten neuen deutschen Films an mich heran – ganz höflich und schüchtern, so gar nicht der Schocker und Rebell, als der er verschrien war: Rainer Werner Fassbinder.

Ich hätte doch Wehrmachtstourneen gemacht, meinte er. Ich bestätigte. Er würde ein Brigitte-Mira-Porträt drehen, der er mit seinem Film »Angst essen Seele auf«, in dem sie eine alte Putzfrau spielte, die sich in einen jungen marokkanischen Gastarbeiter verliebt und ihn heiratet, zu einem beachtlichen Einstieg ins Charakterfach verholfen hatte. In diesem Porträt, das er nach dem Leonard-Cohen-Song »Bird On A Wire« nun »Wie ein Vogel auf dem Draht« nannte, hätte er gern eine Szene, in der sich zwei altgewordene Showdamen über ihre Zeit bei der Truppenbetreuung unterhakten. Ob ich das mit Biggy machen würde?

Nichts lieber als das, dachte ich und machte mit. Gleich danach spielte ich eine kleine Rolle in seinem Schwulen-Melodram »Faustrecht der Freiheit«, in dem er selbst die Hauptrolle spielte; einen jungen Homosexuellen, der einen Lottogewinn macht und nun von allen ausgenutzt wird.

Rosa war gar nicht begeistert, als er von meiner Zusammenarbeit mit Fassbinder hörte. Fassbinder wiederum war überglücklich, als er hörte, daß Rosa sich ärgerte. Die beiden konnten einander nicht ausstehen. Zum einen wetteiferten sie darum, wer von ihnen im deutschen Film das Anrecht habe, Schwulen-Problematiken auf die Leinwand zu bringen, und zum anderen hatten sie sich wohl einmal zur falschen Zeit am falschen Ort getroffen und sich nicht rechtzeitig erkannt. »Haben Sie schon mal im Dunkeln geküßt?« konnte ich da nur anstimmen . . .

Zwischen diesen beruflichen Veränderungen und privaten Kabbeleien gab es plötzlich ein Fest zu feiern. Lubo und Renée, die sich bei mir kennengelernt hatten, wie schon erzählt, wollten heiraten. Nachdem sie einige Jahre zusammengelebt hatten, wagten sie nun die Heirat. »Ihr feiert bei mir, und ihr ladet alle eure Freunde ein«, bestimmte ich. So geschah es.

Der Tag vor dem großen Ereignis war ein heißer, schwüler Sommertag. Lubo schleppte pausenlos Getränke in meine Wohnung. Dann brach ein Gewitter los. Als er danach erneut auf Getränkejagd ging, rutschte er aus, stürzte und brach sich einen Arm. Die Nacht vor der Hochzeit verbrachte er in der Notaufnahme eines Krankenhauses, wo man den Arm in Gips legte. Geheiratet wurde trotzdem.

Es wurde ein Fest, das nicht enden wollte. Ich erinnere mich, daß ich die Hälfte der Gäste kannte, die andere nicht. Aber es war urgemütlich. In allen Räumen saßen kleinere oder größere Grüppchen und wollten sich einfach nicht voneinander trennen. Die Malerin Annot Jacobi, eine Großnichte des Malers Adolph von Menzel, gehörte zu den Gästen, eine hochbetagte Dame, die in München lebte, wohin sie nach ihrer Emigration gezogen war, weil sie sich an Berlin nicht mehr gewöhnen konnte. Ihr Geschenk war ein wunderschönes Gemälde, das sie von Reneé und Lubo gemalt hatte. Kurz zuvor hatte Annot Jacobi eine große Ausstellung ihrer Werke in der Galerie des Hauses am Lützowplatz – die erste in Berlin seit ihrer Emigration.

Auch Blandine Ebinger, die alterslose Chansonette, die

durch die Kinderlieder ihres damaligen Ehemannes Friedrich Hollaender bekannt geworden war, erschien. Noch immer so jungmädchenhaft wie ich sie in Erinnerung hatte. Und Willy Trenk-Trebitsch, einer der ersten Darsteller des Mäckie Messer in Bert Brechts und Kurt Weills »Dreigroschenoper«, die er in Prag aus der Taufe gehoben hatte. Und die Malerin Barbara Heinisch, ebenfalls eine Freundin von Reneé, die kurze Zeit später als Vertreterin der Jungen Wilden bekannt wurde und ihre Bilder in New York ebenso ausstellte wie in Oslo oder anderswo.

Mit Rosa ging das Auf und Ab weiter. Ich gastierte in London innerhalb einer deutschen Kulturwoche. Ich moderierte englisch, sang meine Lieder aber auf deutsch. Rosa erschien zum Abschluß meines Gastspiels, wollte mit mir mein Filmporträt »Ich bin ein Antistar« besprechen, von dem ich mehr und mehr den Eindruck gewann, daß er es nur drehen wollte, um Fassbinder mit seinem »Vogel«-Porträt über Brigitte Mira zu ärgern.

Wir beschlossen, nun doch zu heiraten, entlobten uns aber auf dem Weg zum Flughafen schon wieder. Wütend nahm ich eine Maschine zurück nach Frankfurt am Main, wo mich mein Ex-Verlobter strahlend lächelnd mit einem Blumenstrauß erwartete. Nur kurze Zeit später sprach er mich wieder mit »Frau Künneke« an. Ich gab ihm ein Autogramm ...

Was unser Filmprojekt anging, hielt er Wort. Er inszenierte sein Porträt mit mir, um mich herum – und auch ein bißchen neben mir. Ich achtete so gut es ging darauf, daß er seiner Phantasie nicht allzu freien Lauf ließ. Außerdem arbeiteten wir an der Bühnenfassung von »Menschen im Hotel«, das nun im Bochumer Schauspielhaus herauskommen sollte. Peter Zadek war dort damals Intendant. Ihm gefielen diese jungen wilden Regiseure, und er ließ sie sich austoben. Rosas Pech war, daß auch dort Fassbinder herumspukte. So saß ich des öfteren zwischen zwei Stühlen.

»Menschen im Hotel« war eine merkwürdige Arbeit. Die Arbeit selbst machte Spaß. Peter Schneider war einer meiner Partner. Ein junger Mann, Sohn eines Schauspielers, der unbedingt von mir Stepschritte lernen wollte, Christoph hieß er, wollte Schauspieler, Sänger, Tänzer, Regisseur – am liebsten alles auf einmal und zur gleichen Zeit – werden. Später wurde er sehr schnell bekannt, nachdem ihm Hans W. Geissendörfer die Hauptrolle in seiner Thomas-Mann-Verfilmung »Der Zauberberg« gegeben hatte. Mein kleiner Christoph war auf einmal der heißeste bundesdeutsche Nachwuchsschauspieler – Christoph Eichhorn. Noch einige Jahre später hat er als Regisseur selbst Filme gedreht. Steppen kann er übrigens heute noch – und das ganz passabel.

Das Publikum am Premierenabend war ebenso geteilter Meinung über »Menschen im Hotel« wie die Kritiker. Das heißt – eigentlich waren die Kritiken einmütig: vernichtend. Das hielt aber niemanden davon ab, mich weiter zu engagieren. Ich war gefragt wie selten zuvor.

Nun rief New York, wo Rosa und ich den »Antistar«-Film im Museum of Modern Art vorstellen sollten. Außerdem sollte ich in einem Musikschuppen in Greenwich Village mit meinem Show-Programm auftreten.

New York stellte uns auf eine harte Probe – unserer Nerven nämlich. Zunächst vergaß ich im Taxi, das uns zum Hotel brachte, meine Tonbänder mit meinen Song-Playbacks. Also ausgeträumt, der Traum vom Show-Abend im Village. Bis uns die rettende Idee kam, wir die Teldec-Gesellschaft in Hamburg anriefen und baten, uns eine neue Playback-Kopie zu schicken. Das klappte.

Als wir im Museum of Modern Art eine Mikrofonprobe machten, klickte es kurz – und weg war der Saft. Der Vorführapparat war kaputt. Elektriker waren nicht ansprechbar, ein Reparaturdienst unerreichbar. Die Kinoleiterin bot uns einen Vorführapparat an, der den Film stumm vorführen konnte – bei einem Film über eine Sängerin ein ziemlich trostloses Unterfangen.

Uns blieb nichts, als die Flucht nach vorn. Ich trat vor das Publikum, erklärte, was geschehen war, sang ein Lied ohne Begleitung, sang noch eins, weil das Publikum freundlich Beifall spendete, erklärte schließlich so gut es mir möglich war, worum es im Film ging und überließ das Publikum – und unseren Film – seinem Schicksal. Dennoch – anschließend war der Saal noch immer gefüllt, warteten diese filmbegeisterten Enthusiasten auf die Diskussion, stellten sie Fragen, denen ich entnehmen konnte, daß sie die Handlung offenbar verstanden hatten, wurde es eine richtig schöne, spannende Kinopremiere.

Am nächsten Tag dann mein Auftritt im *Scene One*. Ein Saal mit achtzig Sitzplätzen an Tischen und jeder Menge Stehplätze. Ich sang mein Repertoire rauf und runter, bot als Draufgaben einige bekannte Marlene-Dietrich-Schlager und von June Christy, der Ex-Stan-Kenton-Sängerin, ihr »Something Cool«. Ich wurde von meinem Publikum am Schluß mit Geldstücken beworfen. Ein schöner Brauch, wie ich beim Einsammeln feststellte, denn das Trinkgeld war mehr, als ich an Gage bekommen hatte.

Aus diesem Auftritt ergaben sich weitere New Yorker Engagements. Ich jettete also noch einmal über den großen Teich, trat in verschiedenen Clubs auf, auch in der *Loreley* im deutschen Viertel von New York, inmitten einer Schar deutschstämmiger Amerikaner. Rund um die 86. Straße kam man mit Deutsch besser zurecht als mit Englisch. Da gab es deutsche Metzger, deutsche Konditoreien und Friseure. Ich glaubte mich auf dem Mond, so unwirklich erschien mir diese heimatliche Enklave mitten im Hexenkessel der amerikanischen Metropole.

Zwischendurch stand ich für den Film »Flammende Herzen« vor der Kamera, den das deutsche Regiegespann Walter

Bockmayer und Rolf Bührmann in New York drehten. Hauptrollen spielten Peter Kern und das einstige deutsche Busenwunder Barbara Valentin. Und eine Kuh, mit der die beiden zum Erstaunen der New Yorker durch die Straßenschluchten von Manhattan zogen. Ich spielte eine Sängerin in einem Sexclub, trat ganz als Domina auf und verschreckte nicht nur meine Partner, sondern später wohl auch das Kinopublikum ein bißchen. Immerhin wurde der Film ein Erfolg, erhielt einige Auszeichnungen und etablierte die Regisseure als neue Hoffnungen des deutschen Films.

Meine Beziehung zu Rosa wurde komplizierter. Angeblich fühlte er sich von mir bedrängt. Oft befand er, daß ich mich zu sehr in den Vordergrund drängelte, obwohl er es doch sei, der die Filme dreht, in denen ich auftrat. Schließlich kam es zur offiziellen Entlobung, was erneut einen Sturm im Blätterwald entfachte, nachdem wir zuvor als Brautpaar des Jahres abgefeiert worden waren.

Wir gingen uns eine Zeitlang aus dem Wege, kamen aber immer wieder zusammen. Heute sind wir gute Freunde – nach wie vor – und wundern uns mitunter selbst, welchen Sturm der Gefühle wir ausgelöst hatten.

*

Rosa habe ich die Begegnung mit dem Mann zu verdanken, der für mein Comeback als Sängerin im *Onkel Pö's* verantwortlich war: Walter Haas, Journalist, Textdichter und Schallplattenproduzent. Michael Jary hatte ihn Rosa empfohlen, als der ihn besuchte, um für seinen »Antistar«-Film von Jary Informationen zu erhalten.

Walter Haas war sofort begeistert, als er von Rosas Filmplänen erfuhr. Außerdem, meinte er, sei es gar kein Problem, den Film gemeinsam mit einer neuen Langspielplatte und einer großen Show zu starten. Er habe mich gerade erst in der Fernsehsendung »Musik ist Trumpf« gesehen, und ich sei so gut wie ehedem. »Wenn eine so viel Swing im Bauch hat, verlernt sie es nicht«, war seine Meinung. So übernahm Walter Haas nun mein Comeback als Gesangsstar und schenkte uns außerdem den Titelsong für Rosas Film: »Ich bin ein Antistar.«

Gemeinsam erarbeiteten wir die Song-Mischung aus alten und neuen Liedern, dazu einige Evergreens, die in den Zeiten der Nostalgie-Welle einfach dazugehörten. Charles Kalman, der Sohn von Emmerich Kalman, komponierte für mich die wunderschöne Säuferballade »Am Morgen danach«, Maurus Pacher schuf einen nicht minder brillanten deutschen Text für das Lied, das »Mr. Bojangles«, Sammy-Davis-Jr. so unnachahmlich vorgetragen hat. »Rudi Kowalski« heißt die deutsche Fassung und sie gehört zu meinen liebsten Liedern. Die Arrangements und drei neue Kompositionen schrieb Rudi Bohn.

Nach zwanzig Jahren stand ich dann eines Tages wieder in meinem alten Teldec-Studio und wurde von den Technikern und Musikern mit Beifall begrüßt. Es war ein hartes Stück Arbeit, aber ich war überglücklich. Endlich machte ich wieder das, was ich immer noch einmal machen wollte, und von dem ich nicht mehr zu hoffen gewagt hatte, daß es klappen würde: eine neue Langspielplatte.

Ein junger Rocker schaute kurz bei uns herein.

»Ich hab' gehört, daß die Dame hier steppen kann.«

»Allerdings.«

»Ich brauch da so'ne Steppeinlage auf meiner Platte. Können Sie mir dabei helfen?«

»Mach ich.«

Das war Udo Lindenberg, und er bekam von mir sein Fußgeklapper. Als Dank fragte er, ob er sich in irgendeiner Weise revanchieren könne. »Tja«, meinte ich. »Wie wäre es, wenn du bei einem meiner neuen Lieder mal kurz niesen würdest – musikalisch niesen, natürlich.«

»Geht in Ordnung«, nölte Udo und erschien brav zur Aufnahme, gab sein »Hatschi!« gekonnt von sich, und schon hatte ich Udo Lindenberg als Gaststar für meine »Sieben Nasen« dabei. Und außerdem kondolierte er noch im »Mafia-Tango«.

Als Titelbild zur neuen LP entschied ich mich für ein Porträtgemälde der Malerin Millie Büttner – strahlend blonde Haarpracht, skeptisch-trotziger Gesichtsausdruck, ein Porträt wie aus lodernden, bunten Flammen gemalt. Toll!

Dann war es plötzlich soweit. Langspielplatte im Kasten, Gastspiel im *Onkel Pö's* in Hamburg-Eppendorf. Unter den Zuschauern meine neuen Rockfreunde – von Udo bis Wilhelm, aber auch Hamburgs Bürgermeister Ulrich Klose. Es wurde eine rauschende Ballnacht ...

Walter Haas – inzwischen auch gestorben, viel zu früh an Leukämie. Ihm habe ich mein Comeback als Schallplattenstar zu verdanken. Er war hochmusikalisch, voller Temperament und mit einem Supergedächtnis ausgestattet. Er konnte sich an die kleinsten Kleinigkeiten erinnern, die Jahrzehnte zurücklagen. Er kannte mich aus meinen Anfängen, war schon damals ein Bewunderer von mir, und hat später alles versucht, um mich ins rechte Licht zu rücken.

Was nicht heißt, daß wir uns nicht auch gestritten hätten. Bei einer Plattenaufnahme sagte er zu mir: »Merke dir eins, ich bin dein Gehirn!«

Nun, das ging mir dann doch zu weit. »Den Anspruch auf mein Gehirn möchte ich schon behalten«, entgegnete ich. So kann man vielleicht mit einer Anfängerin umgehen, die noch nicht weiß, wo es lang geht, aber nicht mit einer erwachsenen Frau, die ihre Erfahrungen im Showgeschäft hat. Natürlich haben wir uns gleich darauf wieder bestens verstanden.

Er schrieb tolle Texte für mich, aber mitunter waren sie mir – pardon – allzu anspruchsvoll und um die Ecke gedacht. Ich habe mich immer als eine Trivial-Künstlerin empfunden

– jawoll! – und übermäßig hochtrabende Texte überlasse ich gern Kolleginnen, die damit glücklich sind. Ich habe immer nur dem Anspruch genügen wollen, gut zu unterhalten. Gut unterhalten muß nicht heißen, unter Niveau zu gehen, aber es muß auch nicht so sein, daß man ein Lexikon benötigt, um zu verstehen, wovon ich singe.

Walter Haas hat auch die Biographie »Sing, Evelyn, sing« geschrieben. Sehr unterhaltsam, sehr lustig, fast wie ein Comic-Strip zu lesen. Aber das Ergebnis ist meiner Meinung mehr Walter Haas als Evelyn Künneke. Er hat sehr einfühlsam und sehr komisch die Irrwege meines Lebens verfolgt, aber ich habe mich nicht wirklich als Person wiedererkannt.

Das ist auch ein Grund, weshalb ich jetzt selbst erzähle, was es zu sagen gibt. Wobei ich kein Geheimnis daraus mache, daß ich meine Erinnerungen zusammen mit Lubo zu Papier gebracht habe. Er kennt mich fast besser als ich mich selbst. Vor allem aber hat er auch – bei aller Freundschaft – mehr Distanz zu mir als ich.

So wie Walter Haas waren viele Menschen für mein Comeback verantwortlich – Lilo, Lubo, Rosa, jeder auf seine Weise. Ich habe es mir nicht immer anmerken lassen oder nicht immer so zeigen können wie ich es schon gern wollte – es mag sein, daß ich viele Fehler in meinem Leben gemacht habe, daß vieles anders gelaufen ist, als ich es wollte, aber meine Dankbarkeit habe ich nie verloren.

Dann schneite mir eines Tages wieder ein musikalisches Geschenk von Rosa ins Haus. Es war männlich, Mitte zwanzig, sah gut aus, hieß Michael Wright und war ein Amerikaner aus Texas. Und Pianist, Komponist und Texter. Rosa hatte ihn in Amerika kennengelernt und unter irgendwelchen Versprechungen nach Berlin gelockt. Wahrscheinlich sollte Michael die Musik zu einem neuen Film komponieren. Irgend etwas muß dann aber plötzlich schiefgelaufen sein, Rosa wollte mit Michael von heute auf morgen nichts mehr zu tun haben, schrieb ihm sogar einen Abschiedsbrief mit tausendundeiner Erklärung an meine Adresse und tauchte unter.

Michael hingegen tauchte in Berlin auf. Wieder einer, der meine Adresse in der Tasche hatte, mich anstrahlte, und sagte: Hallo, da bin ich.

Er war da, also kam er rein. Nistete sich ein, wohnte bei mir, an Abschied von Berlin wurde nicht gedacht. Zwar zeigte er Unverständnis über Rosas Reaktion auf seine Person, verstand aber schließlich, daß Leidenschaft nicht unbedingt ewige Liebe sein muß, machte jedoch keine Anstalten, das Nest, daß er gefunden hatte, wieder zu verlassen.

Eines Tages fragte er Lubo, ob dieser ihm nicht beim Übersetzen einiger seiner Texte helfen könne. Michael plante nun eine Karriere als Sänger und Musiker. Lubo hörte sich ein paar Lieder an, war begeistert, begann deutsche Texte zu verfassen. Ich hörte die beiden von meinem Schlafzimmer aus in der Bibliothek fabulieren, Michael klavierspielen, wurde neugierig, kam hinzu.

»Ein anderes Mal« hieß eines von Michaels Liedern, die Lubo übersetzt hatte, eine wehmütige Liebesballade. Gefiel mir, auch Michaels Musik, die er mir am Klavier vorspielte. Kurzentschlossen bot ich Michael an, mich bei meinem nächsten Auftritt in München am Klavier zu begleiten. Außerdem würde ich zwei seiner Lieder auf deutsch singen, und er könne sich – auf englisch – auch als Solist vorstellen.

Gesagt, getan. Ich hatte einen neuen Pianisten, neue Lieder, ein neues Arbeitsteam war geboren. Frisch und voller Freude gingen wir ans Werk. Nach München zur Premiere fuhren wir zu dritt – Michael, Lubo und ich. Wir trafen auch Annot Jacobi, die Malerin, wieder, verbrachten einige zauberhafte Stunden mit ihr, und mein neues Programm wurde am Premierenabend begeistert aufgenommen. Lubo fuhr nach Berlin, Michael und ich tourten weiter durch deutsche Lande.

In diese Zeit fiel auch meine Begegnung mit Rolf Thiele,

der in den fünfziger Jahren als Regisseur seinem Ruf als Sexpapst des deutschen Films emsig Ehre machte. Vor allem mit Nadja Tiller drehte er einige Filme, die sie zum Star machten, darunter den internationalen Erfolg »Das Mädchen Rosemarie« nach dem authentischen Fall des Callgirls Rosemarie Nitribitt, die ermordet wurde, deren Mörder aber bis heute nicht gefunden ist.

Jetzt war Rolf Thiele nicht als Regisseur tätig, sondern als Produzent. Er tauchte auf und erklärte, daß auch ich unbedingt bei seinem Projekt »Schöner Gigolo, armer Gigolo« mitmischen müßte. Ohne mich könne der Film auf gar keinen Fall gedreht werden. Diesen Spruch hatte er auch schon Curd Jürgens, Sydne Rome, Erika Pluhar, Kim Novak, Maria Schell und sogar Marlene Dietrich erzählt – und alle hatten ihm geglaubt. Ich glaubte ihm auch.

Der Film erzählte von einem preußischen Leutnant, der aus dem Ersten Weltkrieg zurückkehrt und nun zum Fronteinsatz in den Betten der vorgenannten Damen gelangt. Der Film wurde einer der größten Mißerfolge einer deutschen Produktion. Interessant wurde er lediglich dadurch, daß Marlene Dietrich nach langjähriger Pause wieder vor die Kamera trat und den Titelsong sang, wenn auch nicht in Berlin. Sie bestand darauf, daß ihre Szenen in Paris gedreht wurden, wo sie nach einem Bühnenunfall seit langem lebt. Thiele beugte sich dem Willen der Dame in Paris, und so lernte ich Marlene nicht kennen, obwohl es im Film so aussieht, als würden wir in derselben Szene auftreten.

Hauptdarsteller – eben besagter Leutnant, der zum Gigolo wird – war Rockstar David Bowie. Als Regisseur hatte Thiele den englischen Schauspieler David Hemmings engagiert, der durch seine Hauptrolle in Michelangelo Antonionis Kultfilm »Blow Up« zum Weltstar geworden war; ein Umstand, von dem man Mr. Hemmings nun nichts mehr anmerkte. Ich spielte eine lebenslustige ältere Dame mit viel Geld, die in einem Etablissement, das von Marlene Dietrich geleitet wurde, junge Herren gegen Bezahlung als Tanzpartner anheuerte. Wahrscheinlich auch noch zu mehr ...

Mit David Bowie, diesem englischen Rock-Chamäleon, verstand ich mich bestens. Als ihm Hemmings erklärte, er müsse von mir unbedingt angewidert sein, erklärte ihm Bowie blauäugig, daß er das keineswegs wäre.

»Du mußt das aber spielen«, meinte Hemmings verzweifelt. David weigerte sich und machte mir eine Liebeserklärung. Hemmings schien am Rand seiner Nerven. Daraufhin klopfte ich ihm freundlich auf die Schulter, sagte ihm, er sollte uns mal fünf Minuten in Ruhe lassen und vor allem den armen David nicht so verwirren. Ich würde ihm schon erklären, worum es ging. Also zog ich mich mit Bowie in eine Ecke zurück und erklärte ihm, daß er von der Frau, die ich spiele, angewidert sein müsse, nicht etwa von mir höchstpersönlich. Da quoll dem zarten Rocker doch tatsächlich eine Träne aus dem Auge, so sehr ging ihm das gegen den Strich. Aber wir legten die Szene hin ...

Bei den Dreharbeiten war auch Michael für einen Gigolo-Auftritt dabei. Er hatte sich extra seinen Bart abgenommen, um dem Image des Zwanziger-Jahre-Jünglings zu entsprechen. Und ich lernte Lotti Huber kennen, die ebenfalls in dem Film mitwirkte – noch als Statistin, bevor sie dank Rosa zum Kultstar wurde. Sie unterhielt uns immer köstlich mit ihren Anekdoten aus ihrer Zeit als Tänzerin in Palästina und Kairo; eine Zeit, die für sie, die aus Deutschland emigrieren mußte, zwar alles andere als komisch war, die in ihren Erzählungen aber wie zu Märchen aus Tausendundeiner Nacht wurden.

Gleich danach engagierte mich Hans W. Geissendörfer für seinen »Zauberberg«-Film nach Thomas Mann. Da war ich wieder eine reiche Zicke. Nur mit dem Unterschied, daß ich diesmal in Davos meine Lungenflügel behandeln lassen mußte und keinen Gigolo an meiner Seite hatte.

Dafür war Margot Hielscher an meiner Seite. Wir drehten wochenlang und feierten fröhliches Wiedersehen. Die Dreharbeiten gestalteten sich höchst qualvoll. Wir saßen stundenlang an Eßtischen zusammen, mußten uns unterhalten, hatten aber in Wirklichkeit kaum Dialoge zu sprechen. Wir waren nichts anderes als ein Monsterkabinett, vor dem die Hauptdarsteller Rod Steiger, Hans-Christian Blech und Marie-France Pisier zu agieren hatten. Und Christoph Eichhorn, mein Step-Knabe aus »Menschen im Hotel«. Immerhin brachte mir meine Anwesenheit, wenn auch nicht mein Einsatz als Schauspielerin, eine gute Gage ein. Mit der, das hatte ich mir vorgenommen, wollte ich mir ein neues Gesicht basteln lassen. Was ich auch tat.

Zwischendurch war ich immer solo unterwegs. Auf dem Schiff im Hamburg, in der Hamburger Musikhalle, in München, Stuttgart, Köln – wohin man mich auch rief, ich folgte. Für Bernhard Sinkel und Alf Brustellin sang ich in ihrem Film »Berlinger« den Evergreen »Roter Mohn«, jenes Lied, mit dem Rosita Serrano, auch eine Jary-Getreue, zum Star geworden war. Sie war wohl unauffindbar für die Produktion gewesen, denn sonst hätte man sicher auf die »Chilenische Nachtigall« nicht verzichtet.

Dann gab es endlich eine Erinnerung an meinen Vater, die auch mich überdauern wird. An unserem Wohnhaus in der Giesebrechtstraße wurde eine Plakette angebracht, die darauf hinweist, daß mein Vater in diesem Haus lebte und starb. Eine verhältnismäßig bescheidene Ehrung für den Komponisten, der so sehr mit Berlin verbunden war. In seiner Geburtsstadt Emmerich am Niederrhein gibt es eine sehr schöne Eduard-Künneke-Straße, außerdem eine goldene Erinnerungstafel an seinem Geburtshaus in der Hühnenstraße. Und im Rathaus kann man sich eine Gedenkvitrine mit Fotos, handgeschriebenen Noten und Zeitungsausschnitten über seinen ersten Auftritt als Wunderkind am Klavier ansehen.

Außerdem ist dort eine Konzertflöte ausgestellt, auf der er sich selbst oft Trost zuspielte, wenn er wegen seiner Steuerschulden mal wieder Ärger mit den Behörden hatte.

Ich hatte immer gehofft, daß der kleine Platz an der Giesebrecht-Ecke Sybelstraße einmal seinen Namen tragen würde, aber das wird wohl nicht mehr geschehen. Seit Jahrzehnten ist er ein so schöner kleiner Platz – ohne Namen. Hat ja vielleicht auch sein Gutes. Jedenfalls ist es besser als das Beispiel des George-Grosz-Platzes am Kurfürstendamm. Das Namenschild steht vor einer Pinkelbude, davor ein paar Bänke, auf denen sich täglich eine Pennerversammlung einrichtet. Aber, wer weiß, vielleicht wäre dieses Bild dem George Grosz sogar ganz recht gewesen ...

Da freue ich mich doch mehr auf eine andere, indirekte Ehrung für meinen Vater. Zum 100. Geburtstag des Filmregisseurs Ernst Lubitsch wird sein Film »Das Weib des Pharao« wiederaufgeführt, ein Stummfilm, für den mein Vater die Begleitmusik komponierte, wie für andere Stummfilme auch. Die wird natürlich bei der Wiederaufnahme auch wieder gespielt, und so wird eine Seite des Schaffens meines Vaters der Vergessenheit entrissen, die nicht sehr bekannt gewesen ist.

*

Zweimal bin ich in den letzten Jahren in die Ferne aufgebrochen. Das erste Mal mit Waluscha nach Senegal. Ich hatte merkwürdigerweise nie ein besonderes Bedürfnis gehabt, durch die Welt zu reisen. Aber nun wollte ich doch ein wenig von ihr kennenlernen.

Es war alles sehr schön – wunderbare, herzliche Menschen, Sonne und Meer. Ich genoß die Zeit, aber ich verspürte doch auch Heimweh nach meinem Berlin. Ich habe mir nichts anmerken lassen, aber selbst die fremden Eindrücke und exotischen Traumplätze konnten mich nur zum Teil begeistern. Ich habe viel gemalt unterwegs, mich ganz in mich selbst zurückgezogen, die Sängerin und den Showstar vergessen, aber irgendwo tief in meinem Inneren sehnte ich mich zurück.

Aus ganz anderen Gründen sehnte ich mich zurück, als ich mit Gaby, meiner Technikerin Gudrun und ihrer Assistentin Rebecca die *Maxim Gorki* bestieg und von Mai bis Ende Juni eine ausgedehnte Schiffsreise unternahm: Vancouver, Kalifornien, der Panamakanal, die Karibik, die Azoren, durch den Ärmelkanal und nach Bremerhaven.

Ich weiß nicht, aber wenn ich an eine beliebte deutsche Unterhaltungsserie denke, die auf hoher See, in exotischen Häfen und an Bord eines Traumschiffes spielt, dann hatte ich mir meine Reise anders vorgestellt. Wir waren zwar bequem und sogar luxuriös untergebracht, und schließlich war ich ja engagiert worden, um die anderen Gäste mit meiner Show zu unterhalten, aber mir ging das Eingesperrtsein doch schnell auf den Geist. Zumal mich auch die anderen Passagiere ziemlich nervten – und man konnte ihnen ja nicht ausweichen.

Ich hatte gerade eine Armoperation nach einem Bruch hinter mir und war auch etwas gehandicapt. Ich konnte nicht überall an Land gehen, weil mich die Mannschaft nicht in die Beiboote heben konnte, denn wenn mich jemand auch nur anfaßte, schrie ich vor Schmerzen auf. So blieb ich oft einfach allein an Bord zurück und ließ die anderen auf Erkundungstour gehen. Das war mir ganz angenehm.

Dort, wo es möglich war, direkt an Land zu gehen, war ich mit von der Partie. In vier Wochen gab ich fünf Shows an Bord. Das Publikum fragte mich mitunter: »Haben Sie das denn noch nötig?« Darauf gab ich meist gar keine Antwort, um die Fragenden nicht zu beleidigen. Ich fand ein derartiges Benehmen einfach unter Niveau.

Da lobe ich mir doch die Mannschaft, denen ich als Dank einige russische Volkslieder vortrug, weil die Crew hauptsächlich aus Russen bestand. Ich habe sogar den Text von »Kalinka« auswendig gelernt. Ich glaube zwar nicht, daß die Russen mein Russisch verstanden haben, aber sie waren außer sich vor Rührung.

Bei einer Veranstaltung in der kleinen Schiffskapelle habe ich dann »Ave Maria« a cappella gesungen, was dem skeptischen Kreuzfahrtpublikum offensichtlich am besten gefallen hat. Einer fragte mich sogar nach dem deutschen Text. Naja – so ist das eben . . .

Ich kenne ein bißchen von der Welt. Und ich muß gestehen, daß ich mein Reisegeld lieber auf Sylt ausgebe als mit anderen Deutschen an irgendwelchen exotischen Schauplätzen, wo alles nach deutschem Essen und deutscher Musik schreit. Nee, das ist nichts für mich. Als ich von beiden Reisen wieder zurück war, spürte ich, daß ich glücklich war. Ich bin sicherlich keine chauvinistisch eingestellte Deutsche, aber ich habe plötzlich festgestellt, wie schön es bei mir in Berlin in der Giesebrechtstraße sein kann.

Als die Mauer in Berlin fiel, wollte ich sofort im östlichen Teil der Stadt auftreten. Und siehe da – es ergab sich die Gelegenheit eines Gastspiels in der *Möwe.* Somit war ich zum ersten Mal seit 28 Jahren – abgesehen von einem Auftritt in der DDR-Fernsehsendung »Pfundgrube«, in der ich Gast von Gisela May war – wieder im anderen Teil Berlins. Ich stellte mich gleich doppelt vor: Mit meinem Showprogramm »Wunschkozert« und dem Einpersonen-Stück »Langusten«, das ich mir erarbeitet hatte, und mit dem ich zuvor schon im *Theater im Keller* in Neukölln aufgetreten war.

»Langusten« von Fred Denger erzählt die Geschichte einer einsamen Putzfrau, die an ihrem sechzigsten Geburtstag vergebens auf Besuch wartet und sich an das Paket klammert, in dem sich Langusten befinden, die sie beim Generaldirektor abgeben soll.

Tilla Durieux, die unvergessene, großartige Schauspielerin, hatte durch ihre Darstellung der einsamen Alten dieses Stück bekannt gemacht. Ich erarbeitete es mir selbst, natürlich ganz anders als meine berühmte Kollegin. Ich spielte ja in der Gegenwart, und da ist eine sechzigjährige Putzfrau nicht unbedingt eine uralte Frau mit Haarknoten. Aber natürlich auch nicht unbedingt eine Beauty. Ich entschied mich für eine Zwischenlösung, machte mich weder älter, noch versuchte ich, Jugendlichkeit vorzutäuschen. Ich ließ einfach die Schminke und die Wimpern weg, die ich sonst anlege, und trat auf, wie ich mich sonst nur allein in meiner Küche sehe. Wo ich übrigens auch meine Proben abhielt.

Die Aufnahme im *Theater im Keller* war gemischt. Das Publikum ging mit, die Kritiken waren natürlich gleich mit dem Tilla-Durieux-Vergleich zur Hand. Damit hatte ich rechnen müssen – und es fast heraufbeschworen. Dennoch spielte ich es eine ganze Zeitlang, gab damit in anderen Städten auch Gastspiele, und wurde besonders in Düsseldorf sogar von der Kritik gefeiert.

Mit diesen beiden Programmen ging es also nach Ost-Berlin. Es war spannend, mitzuerleben, wie das Publikum in der *Möwe* auf mich reagierte, sich erst meine Gesangsshow antat, sich dann auch für mein darstellerisches Solo interessierte. Meine Gage stifte ich übrigens dem Kinderheim Dr. Janusz Korczak, in dem Kinder leben, die von ihren damals westwärts ziehenden Eltern zurückgelassen worden waren.

Vorbild für meine Gestaltung der Putzfrau in »Langusten« war übrigens Hedwig Mosler, die Mutter von Waluscha; eine Frau, die mich mit ihrer Menschlichkeit immer beeindruckt hat ...

Wenn ich mir jetzt die Fotos der »Langusten«-Aufführung anschaue und diese alte Frau in ihrer Küche sehe, vor sich das Langustenpaket – ist das die Marie Bornemann, der ich auf der Bühne meine Gestalt gegeben habe oder bin das ich, die eine Bühnenfigur verkörpert, die Marie Bornemann heißt?

Was ist Marie Bornemann auf diesem Foto und was Evelyn Künneke?

Das kleine Mädchen im weißen Kleid, daß ich auf einem anderen Foto sehe, auf dem Schoß seines Vaters sitzend, der Vater blickt versonnen zur Seite, das Mädchen etwas verängstigt in die Kamera ...

Gary Cooper auf der Berlinale, im Gespräch mit einer jungen Frau mit hellblonden Locken. Offensichtlich macht dem Hollywoodstar die Unterhaltung Spaß ...

Schwarzer Frack mit Zylinder, die Finger der einen Hand neckisch in die Höhe gereckt, ein Lächeln, das sich quer übers Gesicht zieht: eine attraktive Tänzerin mit brünetter Lokkenpracht ...

Fütterung daheim: Helmut Qualtinger schmeckt die Kohlroulade ab, eine nicht mehr ganz schlanke und nicht mehr ganz junge Frau freut sich, daß es ihm offensichtlich mundet...

Ein junger Mann mit Zahnlücke strahlt, in seinem Arm hält er eine Frau, die mehr als zehn Jahre älter ist als er; offensichtlich ein glücklicher Moment ...

Bin das alles ich? Bin ich das kleine Mädchen auf dem Schoß meines Vaters? Wann wurde das Bild von mir im Frack aufgenommen? Irgendwann während des Krieges? War Rosa wirklich glücklich, als er mich so fest im Arm hielt? Und war ich es auch? Oder waren das alles nur Bilder, die ganz andere Geschichten erzählen als die, die sie darstellen? Empfinde ich diese Momente heute anders als früher? Empfinde ich sie überhaupt noch? Werden sie mir heute erst bewußt? Trügt mich meine Erinnerung, oder haßte ich es damals schon, fotografiert zu werden, als ich zu meinem Vater auf den Schoß gesetzt wurde?

Fotos über Fotos, Erinnerungen über Erinnerungen, Momente meines Lebens, die festgehalten wurden. Das private und das berufliche. Geschichten über Geschichten, die diese Fotos begleiten ...

Ein Tanz mit David Bowie. Ein Bummel über den Kurfürstendamm mit meiner Mutter. Mein Hochzeitsfoto auf dem Standesamt. Mit Rosa in meiner Londoner Garderobe. Urlaubsfotos aus Afrika. Jede Menge Auftrittsfotos – allein oder mit Partnern. Szenenfotos aus Filmen. Erinnerungsfotos mit Kollegen. Fotos von Premierenfeiern. Mit einem fremden Baby auf dem Arm. Bei einer Eröffnung meiner Bilderausstellung. Bei einer Beerdigung. In der Diskussion mit Publikum, bei einer Starparade auf der Bühne. Beim Autofahren, auf einem Pferd, beim Tennisspiel . . .

Bin das alles ich? Mal mit blonden, mal mit brünetten, mal mit weißen, mal mit roten Haaren? Mit verschiedenen Nasen, in verschiedenen Kleidern und Kostümen. Das Leben – ein einziges, großes Spiel?

»Das Leben ist ein einziges großes Spiel«, sagte der von mir so verehrte Wolfgang Kieling einmal. »Und wir Showleute spielen immer noch zwei oder drei Extranummern mehr. Das ist das Schöne an unserem Beruf, unser Glück – man lebt mehr als ein Leben. Man muß nur aufpassen, daß man sein eigenes dabei nicht verliert.«

Wolfgang Kieling habe ich durch Lilo kennengelernt, die seit jüngsten Kindertagen mit ihm befreundet war. Bei allen Ehen von Kieling und allen Amouren blieb sie der feste Anker der Freundschaft. Lilo brachte Wolfgang Kieling eines Abends zu mir nach Hause, ich kochte, und wir saßen stundenlang zusammen. Ich hörte gern seinen Geschichten zu, auch den Schilderungen seiner Aus- und Wiedereinreise aus und in die DDR, die er mehrfach hinter sich gebracht hat. Unvergessen ist mir der Fernsehfilm »Im Reservat«, in dem er einen Transvestiten gespielt hat. Ich kann mir keinen anderen Schauspieler vorstellen, der diese schwere, psychologische Rolle so souverän, heiter und traurig zugleich, bewältigt hätte.

Damals zog Kieling häufig durch Bars, in denen Travestiestars wie Orel Mikes, Coccinelle oder Everest auftraten, studierte ihre Parodien auf Marlene oder Zarah, vor allem aber die gekonnte Selbstsicherheit ihrer Auftritte. Er ging regelmäßig ins *Chez Nous*, das ich noch besonders aus der Zeit kenne, als Marcel André dort auftrat. Und wie stolz war Kieling darauf, als ihm Orel – auch ein viel zu früh verstorbener Kollege, ein Star der Berliner Travestie, der aber auch neben Nadja Tiller im *Theater des Westens* gespielt hatte, ihm sagte, daß er die Welt der Travestie durch seine Darstellung geadelt habe.

Auch Wolfgang Kieling lebt nicht mehr. Auch er ein sensibler, scheuer Mensch, der nur zur großen Form auflief, wenn er eine Rolle spielte – egal, ob sie groß oder klein war. Bei ihm waren auch kleine Rollen groß.

Als Lilo ihren Geburtstag bei mir feierte, den ersten nach der Maueröffnung, erschien plötzlich ein mir bis dahin unbekannter Mann, und ich glaubte, ich hätte eine Erscheinung. Das ist doch Wolfgang Kieling, sagte ich mir, als er mir die Hand reichte, das kann doch nicht sein – Wolfgang Kieling als Dreißigjähriger.

Lilo sah meine Verblüffung und klärte mich auf. Es war Kielings Sohn Florian Martens, Schauspieler wie sein Vater, Anfang dreißig, der in Ost-Berlin aufgewachsen war und jetzt erstmals in den anderen Teil der Stadt kommen konnte. Er spielte Theater an der *Volksbühne*, hat gerade für seinen Film »Wer hat Angst vor Rot, Gelb, Blau?« von Heiko Schier phänomenale Kritiken bekommen.

Als Lilos Mutter gestorben war, saß ich oft mit Lilo zusammen, und wir erzählten uns von unseren Müttern, unseren Beziehungen zu ihnen. Sie hat meine Mutter nie kennengelernt, und ich nicht mehr die ihre. Und plötzlich stellten wir fest, daß unsere Mütter nicht nur beide als Sängerin am *Friedrich-Städtischen Theater* engagiert gewesen waren, sondern eng miteinander befreundet waren, sich aber später aus den Augen verloren hatten.

»Meine Mutter sprach immer von ihrer Freundin Katharina Garden. Aber ich wäre doch nie darauf gekommen, daß es sich bei ihr um Katharina Künneke handeln könnte«, staunte Lilo.

»Und meine Mutter erzählte oft von Lotte Graf, mit der sie zusammen im Engagement war. Aber woher sollte ich wissen, daß das deine Mutter war«, staunte ich. Leider haben sich die beiden nicht mehr wiedergesehen, obwohl sie höchstens zwei Minuten – Luftlinie – voneinander getrennt seit Jahren in Berlin lebten. Sie hätten sich sicherlich über alle Maßen erstaunt gezeigt – und wohl auch gefreut –, hätten sie noch erfahren, daß ihre Töchter miteinander befreundet sind.

*

Ich bin zwar nicht mehr die Jüngste, aber ich versuche, aktiv zu bleiben und Anteil zu nehmen. Diese friedliche deutsche Revolution, wahrscheinlich die erste, die wir zustandebekommen haben, hat mich sehr begeistert. Ich übersehe zwar keineswegs die Probleme, an denen wir alle wohl noch eine ganze Weile zu knabbern haben werden, aber ich hätte nie gedacht, daß ich den Fall der Mauer oder den Zusammenbruch der DDR noch erleben würde.

Wenn ich heute mit Pit oder Heiner in die Mark Brandenburg fahre, einfach nur so, um einen Abstecher in das Umland zu unternehmen, erinnere ich mich plötzlich an Ortsnamen, die ich von früher her kenne, die wie aus einer lang vergessenen Vergangenheit in die Gegenwart zurückkehren.

Potsdam, Müggelsee, Glienicke von der Ostseite, der Stechlinsee – plötzlich bin ich doch wehmütig, wenn mir bewußt wird, daß mir – wie vielen anderen Menschen auch – das alles jahrzehntelang verwehrt war – ein Teil auch meiner Jugend, an die ich mich nur schemenhaft erinnere.

Ich sehe eigentlich voller Zuversicht in die Zukunft. Gut,

ich war immer ein Optimist, aber diese gewaltigen Veränderungen in Osteuropa lassen mich hoffen. Darauf, daß die Menschen vielleicht doch aus der europäischen Geschichte unseres Jahrhunderts etwas gelernt haben, daß sie erkannt haben, daß Grenzen zwar Menschen und Ideologien trennen können, aber nicht ihre Herzen, Sehnsüchte und Träume.

Ich kenne Osteuropa nicht besonders gut. Aber die Menschen in Warschau, Budapest, Prag oder Moskau haben sicherlich den gleichen Wunsch nach Frieden und Freundschaft wie wir. Und es gibt noch viele Grenzen in der Welt, die fallen sollten, viele Völker, die friedlich aufeinander zugehen sollten, statt einander – aus welchen Gründen auch immer – zu bekriegen. Daran sollten gerade wir denken und unseren Teil dazu beitragen.

Hana Hegerova, diese wunderbare Chansonsängerin aus Prag, habe ich stets bewundert. Seit Jahrzehnten eine einsame Säule im Showgeschäft. Eine Zeitlang konnte sie nicht ausreisen, jetzt ist sie wieder verstärkt auch in Westeuropa tätig, zuletzt im *Theater des Westens* in Helmut Baumanns wunderbarer »Kurt-Weill-Revue«. Für Menschen wie sie bin ich glücklich, daß Europa vielleicht endlich grenzenlos sein wird. Aber auch für alle anderen.

Ich bin nur eine Trivialkünstlerin, wie ich oft betone. Ich will nur unterhalten. Ich bin keine Politikerin, keine Sozialarbeiterin, keine Feministin, keine Weltverbesserin. Ich lese mit Begeisterung Bücher von Heinz G. Konsalik – der übrigens seit meinen Anfängen ein Fan von mir ist, was ich erst vor kurzem erfuhr, als ich ihn überraschend kennenlernte – gehöre keiner Partei an, sympathisiere allerdings mit dem Umweltschutz. Ich kann in Wut und Rage geraten, wenn ich erlebe, wie unsere Umwelt verunstaltet und unsere Lebensgrundlagen verschlechtert werden. Ich bin dafür, daß Frauen alle Rechte dieser Welt erhalten, wie sie auch der Mann hat oder haben soll, und glaube nicht, daß die Welt ohne Männer eine bessere wäre. Aber ich bewundere den Einsatz von Frauen wie Liv Ullmann, die sich so beeindruckend für das Kinderhilfswerk Unicef engagiert, ich habe Mildred Scheel für ihren Einsatz bei der Krebsbekämpfung bewundert. Ebenso erkenne ich Karlheinz Böhms Arbeit für Äthiopien an, denn er macht das bestimmt nicht, weil es ihm an Rollenangeboten mangelt.

Aber ich lasse mich nicht gern vor einen Karren spannen, der ein politisches Emblem trägt. Ich habe auch etwas gegen Vereine, selbst, wenn sie einen guten Zweck verfolgen. Vereinsmeierei war mir immer suspekt – ganz egal, wofür oder wogegen. Ich habe mich in der Aids-Hilfe engagiert, weil ich der Meinung bin, daß jeder vernünftige Mensch, der dazu in der Lage ist, etwas tun muß, um den Organisationen zu helfen, die den Kampf gegen diese tödliche Krankheit aufnehmen. Und ich bewundere den Mut der Menschen, die sich nicht scheuen, in Krankenhäusern oder Selbsthilfe-Organisationen Kranke zu betreuen. Davor verbeuge ich mich.

Ich kann Duckmäuserei nicht leiden und keine vorschnellen Urteile. Wir Deutschen neigen allzuleicht dazu, jemanden flink in ein bestimmtes Schubfach zu schieben, ihn mit einem Stempel zu versehen und dem Rest der Welt klarzumachen, wer das ist und wohin er gehört. Wer hat das Recht dazu? Wer maßt sich an, zu wissen, was ich denke oder fühle, warum ich so und nicht anders entscheide? Mitläufertum ist die einfachste Sache der Welt. Ich kann ein Lied davon singen. Aber das hat noch niemand geschrieben.

Jungen Menschen kann ich raten, nicht unbedingt auf ältere zu hören, sondern selbst zu entscheiden, wohin der Weg gehen soll. Jeder ist Schmied seines Glücks. Was hilft es, wenn der Vater dem Sohn eine Karriere in einem Beruf ebnet, die der Sohn gar nicht antreten will? Warum verlangen Eltern so oft von ihren Kindern, daß sie sich nach dem zu orientieren haben, was ihnen die Eltern raten? Warum versuchen Eltern so wenig, die Interessen und Begabungen ihrer Kinder zu entdecken und entsprechend zu fördern – selbst, wenn diese Interessen ihren eigenen entgegenlaufen? Es geht schließlich nicht um die Eltern, sondern um den jungen Menschen, der seinen Weg sucht, der von seinen Eltern Hilfestellung erwartet und nicht von ihnen an der Entwicklung seiner Talente gehindert werden will.

Ich habe oft erlebt, daß sich Kinder – gerade, wenn sie Künstler werden wollten – ihren Eltern gegenüber nicht durchsetzen konnten, daß sie mühevoll einen anderen Weg einschlugen, als den erstrebten, nur, um die Eltern nicht zu enttäuschen. Völlig falsch, meine ich, denn die Enttäuschung wird den Eltern sowieso nicht erspart. Sie kommt nur später, wenn das Kind erwachsen ist, vielleicht versagt oder ihnen Vorwürfe macht, seine Träume nicht verwirklicht zu haben. Daran sollten Eltern denken, statt ihre eigenen unerfüllten Wünsche in ihren Kindern erfüllt sehen zu wollen.

Was ist denn so schlimm daran, wenn der Sohn des Bankpräsidenten Tänzer werden will? Vielleicht wird er ein neuer Nurejew. Vielleicht auch nicht. Aber dann hat er es immerhin versucht. Die Banklaufbahn kann er immer noch einschlagen, wenn es unbedingt sein muß.

Warum soll die Tochter nicht Schauspielerin werden, wenn sie das Talent dazu hat? Ob sie es wirklich schafft, wird sich zeigen. Nur, weil das nach Meinung der Eltern eine brotlose Kunst ist, vielleicht nicht ganz so brotlos in ihren Augen wie die Malerei, aber immerhin brotlos genug, um ihr lieber zu einem Germanistikstudium zu raten, bei dem ich persönlich nicht weiß, was man damit so besonderes anfangen kann!

Nein – ich bin der Meinung, daß man die Talente seiner Kinder sorgsam fördern soll. Talent ist etwas Wunderbares, sehr Individuelles, sehr Kostbares. Und es wäre unverzeihlich, es wegen einer anderen, schnelleren Karriere zu verraten, die vielleicht ein sichereres Bankkonto garantiert.

Ich weiß, wovon ich rede, denn ich habe ja schließlich auch gegen den Willen – zumindest meines Vaters – Karriere gemacht. Gut, er hat mir zwar nicht gerade Steine in den Weg gelegt, aber er hat mir doch immer wieder in den Ohren gelegen, wie unbegabt ich sei. Das war schwer genug, hat aber auch meinen Widerstand herausgefordert. Vielleicht hat er mir dadurch ja auch indirekt geholfen, vielleicht war es seine spezielle Art, mich zu fördern. Ich weiß es nicht. Ich weiß aber, daß es schwer ist, sich als junger Mensch unbeirrt durchzusetzen, und deshalb unterstütze ich junge Künstler auf ihrem Weg, so gut es mir möglich ist.

*

Einmal allerdings hat mein Vater auch direkt versucht, Schicksal zu spielen und ein Engagement von mir zu hintertreiben. Das war, als ich mich als Evelyn King bei *Scala*-Direktor Eduard Duisberg beworben hatte. Er wußte nicht, wer sich hinter diesem Namen verbarg. Wenn doch, hätte er mich vielleicht auch nicht so ohne weiteres engagiert, denn er war ein guter Freund meines Vaters.

Jedenfalls erzählte Duisberg seinem Freund, er habe eine begabte junge Steptänzerin engagiert.

»Ist sie so dünn wie der Alte Fritz?« fragte mein Vater. »Und hat sie rote Haare?«

Duisberg bestätigte es und mein Vater riet seinem Freund dringend dieses Engagement rückgängig zu machen. Er würde die junge Dame gut kennen und fände es unerhört, daß sie eine Karriere als Opernsängerin aufgegeben habe, um Stepteuse zu werden.

Duisberg hielt sich allerdings nicht an diesen Ratschlag. Wofür ich ihm sehr dankbar war.

Natürlich grollte ich mit meinem Vater, aber ich nahm es ihm nicht wirklich übel. Ich wußte, was er empfand, wußte auch, daß er in seiner Vaterbrust mit zwiespältigen Gefühlen kämpfte.

Er kannte die Härte des Showgeschäftes, kannte auch seine Tochter, die so leicht von einem Moment zum anderen himmelhochjauchzend und dann wieder zu Tode betrübt sein konnte. Er glaubte wohl, daß ich in diesem Beruf mit all seinem trügerischen Glitter und falschen Glanz sehr schnell aufgerieben werden könnte, und wollte mir Enttäuschungen ersparen. Zum anderen wußte er, daß ich aus dem gleichen Holz geschnitzt war wie er – kompromißlos, wenn es um die Sache ging. Dickköpfig bis zur letzten Konsequenz und weder mit Geld noch mit guten Worten von meinen Plänen abzubringen. Aber ich nehme auch an, daß er irgendwo, ganz tief in seinem Herzen, auch ein Quentchen Begabung von mir entdeckt hatte.

Wenn ich heute zurückblicke, kann ich sagen – ja, ich war dabei. Ich habe erfüllt, was ich mir erträumt habe. Ich habe nichts ausgelassen, nichts verdrängt. Ich habe Fehler gemacht, Mißgunst und Mißerfolg erlebt, aber ich habe mich auch immer wieder hochgerappelt und mir – und meinem Publikum – bewiesen, wozu ich fähig war. Und das war nicht von schlechten Eltern.

Ich weiß nicht, wie lange ich das noch machen kann – dem Affen Zucker geben, die Boas um mich zwirbeln, die Töne halten und dem Publikum die Illusion von Leichtigkeit und Glamour vorspielen. Es ist ein verdammt harter Job, und er wird nicht leichter. Aber es macht mir immer noch Spaß und einen großen Teil meines Lebens aus.

Es gibt andere Tage, andere Momente. Da bin ich froh, wenn ich mich nicht abzurackern brauche, wenn ich mich nicht schminken muß, strahlen muß, Tage, an denen ich in meinem alten, bequemen Hauskleid, in Pantoffeln und mit der Brille auf der Nase, in meiner Wohnung sitze, niemanden sehen will – und trotzdem glücklich bin.

Das sind die Momente, in denen ich ganz mit mir allein bin, in denen mir die Decke nicht auf den Kopf fällt, sondern in denen ich es genieße, aus dem Fenster zu sehen, auf meinen Kiez rund dem Platz an der Giesebrechtstraße.

Da sehe ich Hulda zum Einkaufen gehen, die Warenlieferungen für den Kaufmann an der Ecke kommen, die Trafikantin vor ihrem Zigaretten- und Schreibwarenladen mit einer Kundin tratschen, junge Liebespaare sich küssen, den Kinobesitzer von der Kurbel die Plakate in den Schaukästen auswechseln, die zwei Säufer von nebenan sich auf der Bank unter den Bäumen einrichten, die Kunden dem Friseurgeschäft schräg gegenüber zuströmen.

Dann genieße ich die späten Nachmittagsstunden, wenn es dämmerig wird, wenn vielleicht ein leichter Regenguß die Straßen sauberwäscht, wenn die Autofahrer unverdrossen nicht vorhandene Parkplätze suchen und sich das Liebespaar noch immer – oder schon wieder – ausgiebig küßt. Dann füllt sich die Kneipe gegenüber, klingt leise die Musik aus ihr herüber, plärrt irgendwo ein Kind im Haus, bellt Bläcky synchron dazu, klingelt das Telefon, und ich gehe nicht ran, weil ich einfach zu faul und zu glücklich bin in dieser Stimmung der sanften Melancholie, um mich aus ihr herausreißen zu lassen.

Das sind jene seltenen blauen Stunden, die ich brauche, um aufzutanken. Um Kraft zu sammeln für das Karussell, auf das ich irgendwann dann ja doch wieder aufspringen werde, das sich unentwegt dreht, ganz egal, ob es das *Kleine Theater* in Berlin, das *Schiff* in Hamburg, das Stuttgarter *Renitenztheater* oder das Münchener *Rationaltheater* ist, die ohne mich nicht sein können.

Manchmal stöbere ich auch über die Berliner Trödelmärkte. Staune über die alten Schellack-Platten, die dort Sammlergut sind, oder über die Singles der fünfziger Jahre, die nicht minder hoch im Kurs stehen. Amüsiere mich über den Handel mit Autogrammkarten – drei Heinos für einen Boris Bekker – und bin ganz verblüfft, wenn ich auf diesem Raritäten-Ausverkauf auch meine eigenen alten Schallplatten oder mein Konterfei entdecke. Da liege ich also herum – zwischen Cliff Richard und Zarah Leander, Marlene Dietrich und Wencke Myrrhe, und das Bild, daß mich anlächelt, ist das einer Frau, die ich kaum noch erkenne. So lang liegt das zurück? War das nicht doch erst gestern oder vorgestern?

Wenn ich die jungen Händler dann frage, was sie sich von den ollen Klamotten versprechen, sehe ich in schwärmerisch verklärte Augen, die in Gefahr sind, feucht zu werden.

»Das ist doch ganz toll! Ganz heißer Swing! Fünfziger Jahre! Die hat mein Alter ausrangiert, aber der hat doch null Ahnung. Das ist so heiß, da kannste Madonna glatt vergessen!«

Dann allerdings bleibt mir doch die Sprache weg. Ich – eine heiße Nummer für die Jugend der neunziger Jahre? Na, ich wäre da nicht so sicher, aber ich verkneife es mir, den Knaben aufzuklären, daß die Zeit, in der ich eine heiße Nummer war, gut fünfzig Jahre zurückliegt.

Damals steppte ich noch über die *Scala*-Bühne, trug ein Korsett mit Stangen unter meinem Kostüm, damit mir vor lauter Schwung nicht mein Busen aus der Bluse rutschte. Was mir bei einer Verbeugung allerdings eines Tages doch passiert war, weil sich die Stangen verbogen hatten und – mirnichts-dir-nichts – hing mein Busen im Freien. Das Publikum hat wie wild getobt, ich aber habe mich verschämt hinter dem Vorhang versteckt. Damals – vielleicht, mein Junge – war ich eine heiße Nummer. Aber ich hab's gar nicht so genau bemerkt.

Mit meinem Busen hatte ich immer Probleme. Ich habe ihn immer gehaßt. Ich fand ihn immer unästhetisch und habe ihn doch mein ganzes Leben vor mir hergeschleppt. Ich weiß, daß viele Männer mit mir ausschließlich wegen meines Busens ins Bett gehen wollten, und ich habe mich dem immer verweigert. Ich hatte auch einen Liebhaber, der sich anscheinend gar nichts aus meiner Oberweite machte, aber ich habe immer einen Büstenhalter getragen, wenn ich mit ihm zusammen war. Einmal hatte ich es vergessen und – siehe da – er fuhr voll auf meinen Busen ab. Da habe ich ihn ganz schnell nach Hause geschickt.

Trotzdem ist es mir nie in den Sinn gekommen, meinen Busen operieren zu lassen. Ich hätte das als Vergehen gegen die Natur empfunden, und da bin ich schrecklich altmodisch. Vielleicht auch abergläubisch. Ich sage mir ganz naiv, daß der liebe Gott mich so geschaffen hat, und daß ich mich ihm gegenüber nicht versündigen darf. Mit meinem Gesicht ist das etwas anderes. Meinen Busen muß ich nicht herzeigen ...

Obwohl ich auch das gemacht habe. Als junges Mädchen, noch bevor ich als Tänzerin begann, habe ich mir das Geld für die Ausbildung als Aktmodell verdient, um meinen Vater nicht um Geld bitten zu müssen. Natürlich unter anderem Namen, und natürlich habe ich mich immer bemüht, meine Lockenpracht so zu legen, daß genügend Strähnen in mein Gesicht fielen. Ich war da ganz unkompliziert, überhaupt nicht »genant«, denn schließlich handelte es sich ja um künstlerisch anspruchsvolle Fotos und nicht um Pornoaufnahmen. Wobei ich heute nicht mehr so genau weiß, wo ich die Grenze ziehen würde.

Einmal habe ich mich später auch für ein Herrenmagazin hüllenlos fotografieren lassen. Das hatte verschiedene Gründe. Ich war es satt, überall auf diesen Jugendkult zu stoßen, als könnten ältere Frauen nicht auch ganz appetitlich aussehen. Ich war schon einiges über fünfzig, aber es hat mir einfach Spaß gemacht, zu zeigen, daß ich mich durchaus noch sehen lassen konnte. Natürlich waren das phantastische Aufnahmen, total durchgestylt, aber sie zeigten eben doch auch viel nackte Haut. Was für eine Frau meines Alters gar nicht so selbstverständlich war. Außerdem gab es eine gute Gage, die ich gut gebrauchen konnte, weil sich gerade einmal wieder die Steuer bei mir gemeldet hatte. Ich nahm es als Jux, mehr nicht. Heute würde ich mir das allerdings nicht mehr erlauben.

Die Reaktion war prompt, daß ich empörte Briefe und Anrufe erhielt. Das ging so weit, daß mich erst neulich ein Journalist anrief, der mich fragte, ob ich Prinz Charles nackt Modell stehen würde, der angeblich keinen größeren Herzenswunsch hätte, als sich als Aktmaler zu profilieren. Diese Frage muß noch eine Nachwehe jener Fotoserie gewesen sein, denn ich kann mir kaum vorstellen, daß jemand ernsthaft annimmt, daß ich – wem auch immer – nackt Modell sitzen würde. Nicht einmal einem Prinzen. Und Picasso, Rubens, Modigliano oder Gauguin gibt es ja leider nicht mehr.

In solchen Momenten holt mich mein Image wieder ein – die Ex-Bombe, die mal Sexbombe war, die verruchte Tingeltangel-Maus, der männermordende Gesangs-Vamp, die Nachtigall, die jeden becirct, der Hosen trägt. Alles Quatsch!

Ich habe eigentlich nie versucht, einen Mann zu erobern. Ich bin da viel zu konventionell. Ich will erobert werden. Aber mein Image stand mir schon auch früher immer im Weg. Jeder Mann glaubte, ich würde ihn vernaschen, sobald er in meine Nähe kam. Da hatten sie sich nicht nur getäuscht, sondern viele Männer hatten auch einfach Angst vor meinem Image, und haben einen Eroberungsversuch gar nicht erst gestartet.

So ist das nämlich mit den Herren der Schöpfung. Tritt ihnen eine angeblich starke Frau – was immer das sein mag – entgegen, ziehen sie – pardon – den Schwanz ein, haben sie plötzlich Angst und Alpträume, denken sie wunder, was ihnen geschehen könnte. Auf die Idee, daß diese Frau gar nicht so stark und so unnahbar ist, wie sie meinen, kommen die Dussels gar nicht.

Ich habe diesen Jagdinstinkt der Amazonen nicht. Ich weiß, daß mein öffentliches Bild so aussieht, aber mein privates ist eben ganz anders. Ich habe oft unter dieser Falscheinschätzung gelitten, aber trotzdem nie versucht, über meinen Schatten zu springen. Ich hätte es auch gar nicht gekonnt, ohne mich lächerlich zu machen, denn ich hätte nicht gewußt, wie ich einen Mann becircen soll, und wenn ich es versucht hätte, wäre ich wahrscheinlich so verkrampft gewesen, daß es ein totaler Mißerfolg geworden wäre.

Es hat Männer in meinem Leben gegeben, mit denen ich glücklich war, mit denen alles sofort – wenn auch nicht für immer – gestimmt hat. Aber es hat mehr Männer gegeben, nach denen ich mich gesehnt und nach denen ich mich verzehrt habe und die davon nicht die leiseste Ahnung gehabt haben. Und ich werde auch jetzt nicht verraten, wer diese Männer waren, denn heute brauche ich sie nun auch nicht mehr.

Heute habe ich mich eingerichtet – ohne Männer. Ich kann allein leben. Da kann ich über die Avancen eines Telly Savalas nur lachen, die er mir bei den Dreharbeiten zu dem Krimi »Inside Out« gemacht hat, den ich mit ihm, James Mason und Robert Culp gedreht habe. Telly Savalas hielt sich wohl für unwiderstehlich, und wir mußten einen Schiebertanz aufs Parkett legen. Na schön, das war ja noch in Ordnung. Aber dann merkte ich, daß er mich mit seinen Augen auffraß. Die jungen Mädchen, die vor seinem Hotel auf ihn warteten, nahm er überhaupt nicht wahr. Ich verstand die Welt nicht mehr. Vor allem aber wurde es mir langsam unheimlich.

Er stand immerzu in meiner Nähe, sah mich schmachtend an und spielte wohl noch immer den attraktiven Polizisten mit dem Lolli zwischen den Zähnen. Ich kann nur sagen, daß er auf mich eher wie ein Mann wirkte, der nicht nur sich selbst maßlos überschätzte, sondern auch seine Wirkung auf Frauen. Aber vielleicht haben es ihm einige Damen ja auch zu leicht gemacht. Was mich betraf, stand mein Entschluß fest:

nein danke, Mister Kojak, muß nicht sein, deine Ausgabe kenne ich bereits. Und Wiederholungen bereits gemachter Erfahrungen brauche ich in meinem Alter nicht mehr. Läuft sowieso alles aufs gleiche hinaus. So oder so. Da hebe ich mir den bißchen Sex, den ich noch habe, doch lieber für mein Publikum auf. Da haben mein Publikum und ich mehr davon.

Natürlich war es nicht immer leicht einzusehen, daß ich verzichten mußte. Ich habe ganz schön gelitten und meinen Preis bezahlen müssen, bis ich begriff, daß nicht alles im Leben so läuft, wie ich es gern hätte. Da geht es auch Evelyn Künneke nicht anders als dem berühmten Lieschen Müller, das niemand wirklich kennt. Vielleicht geht es der Dame sogar besser, als mancher annimmt.

»Was haste gemacht mit deinem Leben?« läßt Carl Zuckmayer seinen »Hauptmann von Köpenick« fragen. Ich habe getanzt, gesungen, gespielt. Und hoffentlich damit etwas Freude gemacht. Das war alles ...

Maurus Pacher

Ohne Kostüm und Maske

Die andere Operngeschichte

566 Seiten, 50 Abbildungen, gebunden

Fakten, Legenden, Anekdoten: die Oper und ihre Stars, die Opernhäuser zwischen Wien und New York, zwischen London und Mailand, zwischen Bayreuth und Berlin – ein Panorama der kultur- und machtpolitischen Interessen und Zeitströmungen. Ein amüsantes, kenntnisreiches Nachschlagewerk für Opernfreunde.

Ullstein